対決の東国史 2

北条氏と三浦氏

高橋秀樹

吉川弘文館

目　次

鎌倉地図

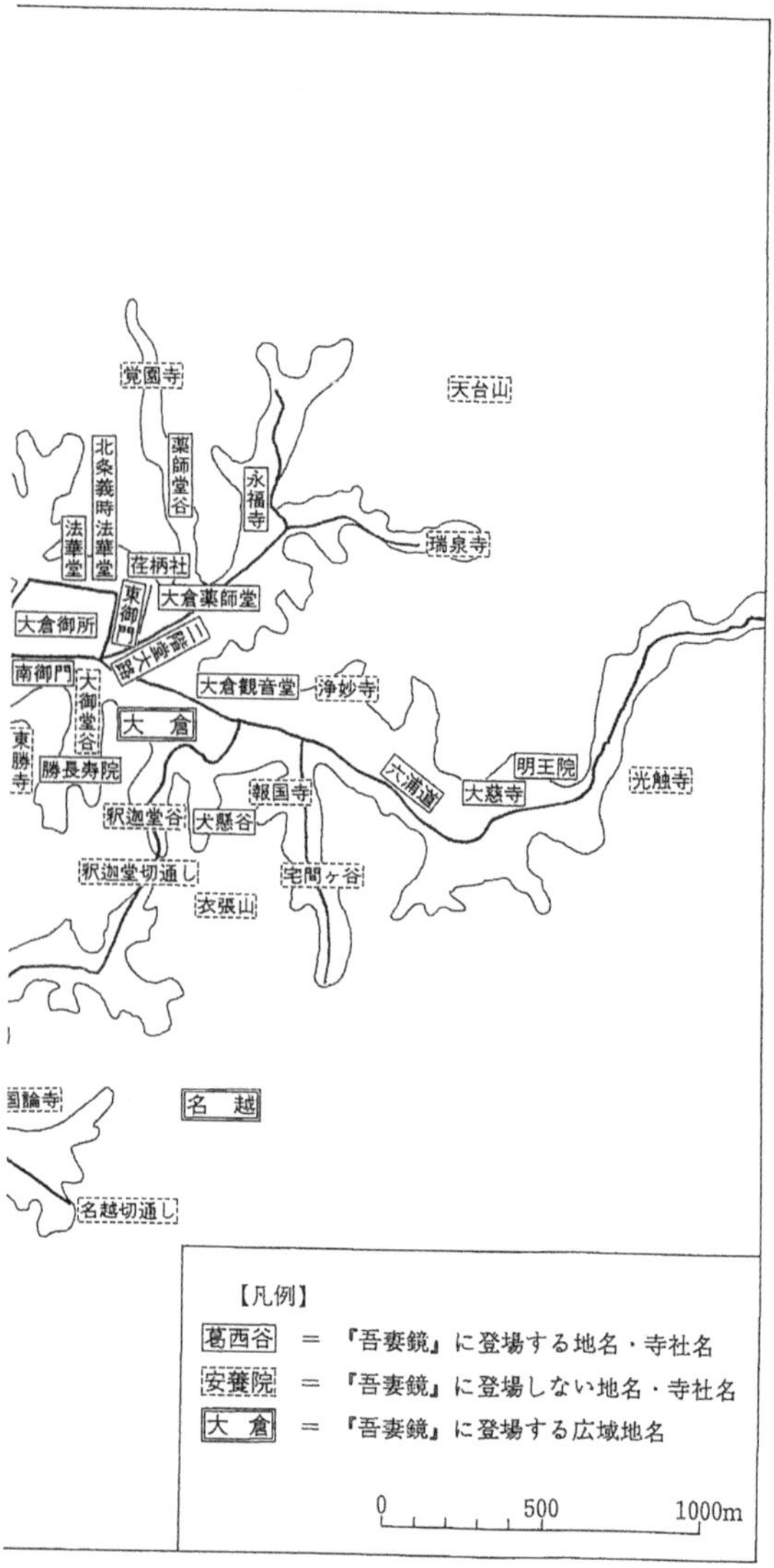
覚園寺
天台山
北条義時法華堂
薬師堂谷
永福寺
法華堂
瑞泉寺
荏柄社
東御門
大倉薬師堂
大倉御所
二階堂大路
南御門
大御堂谷
大倉観音堂
浄妙寺
大　倉
東勝寺
勝長寿院
六浦道
明王院
大慈寺
光触寺
報国寺
釈迦堂谷
犬懸谷
釈迦堂切通し
宅間ヶ谷
衣張山
国論寺
名　越
名越切通し
【凡例】
葛西谷 ＝『吾妻鏡』に登場する地名・寺社名
安養院 ＝『吾妻鏡』に登場しない地名・寺社名
大　倉 ＝『吾妻鏡』に登場する広域地名
0
500
1000m

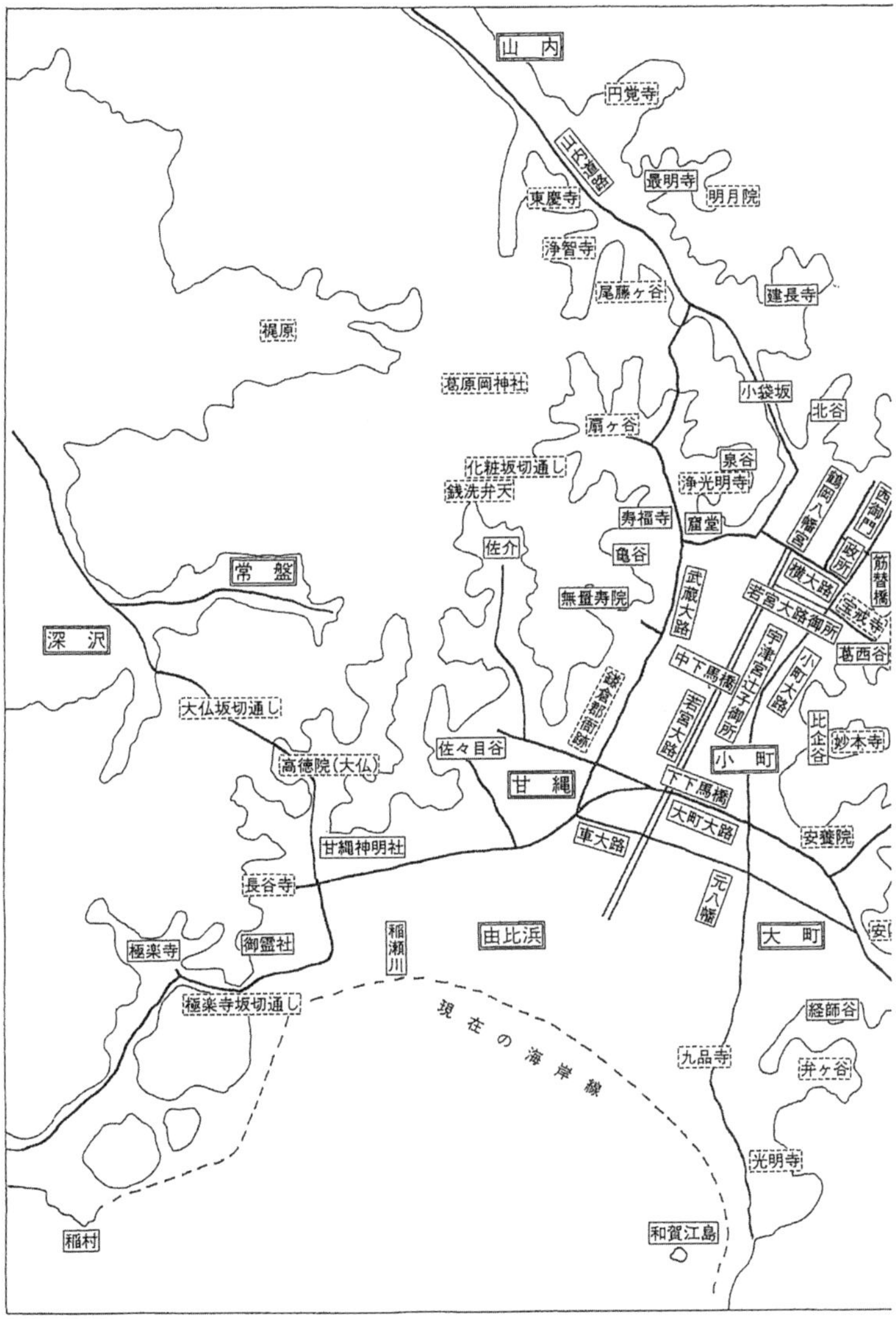
山内
円覚寺
山内道路
最明寺
明月院
東慶寺
浄智寺
尾藤ヶ谷
建長寺
梶原
葛原岡神社
小袋坂
北谷
扇ヶ谷
泉谷
化粧坂切通し
浄光明寺
銭洗弁天
寿福寺
窟堂
鶴岡八幡宮
西御門
政所
佐介
亀谷
横大路
筋替橋
常盤
無量寿院
武蔵大路
若宮大路御所
宝戒寺
深沢
葛西谷
宇津宮辻子御所
中下馬橋
小町大路
鎌倉郡衙跡
若宮大路
比企谷
妙本寺
大仏坂切通し
佐々目谷
小町
高徳院（大仏）
甘縄
下下馬橋
大町大路
車大路
安養院
甘縄神明社
元八幡
長谷寺
稲瀬川
由比浜
大町
極楽寺
御霊社
極楽寺坂切通し
現在の海岸線
経師谷
九品寺
弁ヶ谷
光明寺
稲村
和賀江島

プロローグ

北条氏と三浦氏

三浦氏と北条氏のイメージ

「三浦氏は、北条氏に相並ぶ有勢者として、反北条勢力の期待するところであった」「執権政治のもとで、三浦氏は北条氏に比肩し得る唯一の雄族であり、三浦義村《よしむら》は北条義時《よしとき》・泰時《やすとき》と密接に提携して執権政治の確立に力をつくし、また幕初以来の豪族的御家人がほとんど滅亡した中で、独りその権勢を誇ってきた。その勢力は北条氏の側からすればなかなかあなどり難いものであった」「ここに北条氏に比肩し得る唯一の勢力は全く消滅した。執権政治の確立に功績のあった三浦一族はこうして北条氏の前に葬り去られたのである」。

これらは、高校生だった私が、初めて手にした安田元久の著書の叙述である（安田元久一九七九)。相模国最大の豪族にして、北条氏の唯一のライバルだったが、結局は北条氏によって滅ぼされた一族というのが三浦氏に対する通説的なイメージだろう。

さらに、石井進の著作には、「最大の豪族」とあるいっぽうで、「三浦氏の裏切り」「かわり身の早さ」とも記されている(石井進　一九六五)。三浦氏を語るさいには、正月元日の幕府侍所《さむらいどころ》で、三浦義村が上座に座っていたところ、千葉介胤綱《ちばのすけたねつな》がやってきて、義村のさらに上座《かみざ》に座った。義村が憤って「下総の犬は寝床《ねどこ》を知らない」というと、胤綱は平気な顔で「三浦の犬は友(和田義盛《わだよしもり》)をくらうよな」といったという『古今著聞集《ここんちょもんじゅう》』の逸話が必ず引かれる。

北条氏は、源頼朝の時代は強い独裁政治の前に屈していたが、頼朝の死後、将軍の力をおさえて権勢を得て、有力御家人を次々と滅ぼしていくイメージである。北条義時は、「性格における果敢さと、冷静な洞察力に基づく計画性、そして冷酷なまでに貫かれる強い意志、また機敏な政治性」のいっぽうで、「厳酷な態度」「敵対者に対する峻烈さ」も指摘され、義時の子泰時はすぐれた政治的才能を発揮した(安田元久　一九七九)。

北条氏の「権謀」と三浦氏の「陰謀」との対立の図式は今なお根強い。

ただし、こうしたイメージは、研究者や歴史好きの読者の間にのみ共有されているものであって、大半の日本人は北条氏や三浦氏をほとんど知らない。北条政子《まさこ》・北条時宗《ときむね》の名を記憶しているかどうかという程度である。源頼朝や織田信長《おだのぶなが》・豊臣秀吉《とよとみひでよし》・徳川家康《とくがわいえやす》にくらべると、認知度は百分の一以下だろう。

歴史教育のなかの北条氏と三浦氏

なぜなら、現在の小学校教科書に必ず登場するのは北条政子と北条時宗のみである。ただし、その扱いといえば、時宗は元寇《げんこう》の時の執権として名が出てくる程度、政子は承久の乱にさいして発した言葉が囲みに載っているくらいである。鎌倉時代に北条氏が執権として政治を行ったとは書かれていても、義時や泰時の名は出てこない。中学校教科書でも、政子・時宗に加えて、執権政治を始めた時政と御成敗式目《ごせいばいしきもく》を制定した泰時が出てくるだけである。多くの日本人の歴史知識は、小学校教科書と中学校教科書で形作られているから、高等学校で日本史を選択し、知識が定着していなければ、北条義時、ましてや三浦義村・泰村《やすむら》、和田義盛の名などは頭のなかにないはずである。

しかし、かつての日本人は、少なくとも北条氏については学んでいた。明治十五年（一八八二）の小学校教科書『小学国史紀事本末』は、「頼朝覇《は》ヲ定ム」「北条氏の簒奪《さんだつ》」「承久ノ変」「北条氏ノ政」「陪臣命ヲ執ル《ばいしん》」「胡元入寇《こげんにゅうこう》」「元弘ノ役《えき》」「建武ノ中興」「義貞《よしさだ》北条ヲ滅《めつ》ス」の見出しを立てて鎌倉時代の歴史を叙述している。時政が頼家《よりいえ》を殺し、義時が公暁《こうぎょう》をそそのかして実朝《さねとも》を殺させ、公暁も殺した。藤原頼経《ふじわらのよりつね》時代は義時が事を決するようになり、頼朝の業は遂に滅んだ。鎌倉の権勢に憤った後鳥羽上皇《ごとばじょうこう》が鎌倉を討とうとしたが敗れ、隠岐に移された。天下はこれを悲しんだ。承久以来、天皇や摂政・関白の人事は鎌倉の意向により、将軍の廃置も北条氏の手に帰した。北条氏のなかで泰時・時頼《ときより》は政治に優れ、泰時は「温雅清廉《おんがせいれん》」、時頼は「倹素《けんそ》」を心がけた。こうした北条氏を中心とした筋立てで鎌倉時代の歴史が教授された。

明治二十年代に広く使われた大槻文彦『校正日本小史』も「北条氏、源氏ニ代リテ、天下ノ権ヲ掌握ス」「北条氏、三帝ヲ海島ニ遷《うつ》シテヨリ、全《まった》ク王権ヲ奪フ、後ノ人、北条氏ノ大逆ヲ悪《にく》マザルハ無シ」と述べるいっぽうで「泰時、識量人ニ過ギ、寛厚《かんこう》ニシテ、甚《はなは》ダ諸弟ニ友愛ナリ、又、民ヲ恤《あわれ》ミ、政ヲ行フニ私ナク、職ニ勤慎ニシテ、身ニ清廉ナリ」「泰時・時頼ノ世、海内《かいだい》甚ダ泰平ナリ、後世、北条氏ノ治《ち》ト称ス」と泰時・時頼時代を絶賛する。そのなかで和田氏や三浦氏は「北条氏ヲ滅セムトシ」て、かえって滅ぼされた存在として描かれている。昭和期に入ると、もっぱら「義時の無道」「時宗の勇気」で語ら

小學校用　歴史第二

建久

ルヤ、榮華ノ餘リ詩歌管絃ノ風雅ヲ尚ビ、一時稍〻盛ヲ見ルト雖、素ヨリ詞華言葉ノ末ヲ逐ヒ、繊弱ノ弊ヲ免レズ、獨ﾘ和歌ヲ善クスルモノ、俊成、忠度、西行、寂蓮ノ輩アルノミ、（頼朝富士野ニ獵ス）頼朝大ニ富士野ニ

朝比奈三郎の武勇

朝比奈三郎義秀は和田義盛の三男なり剛胆驍勇を以て聞ゆ嘗て將軍頼家小坪濱に遊ぶ義秀の善く泅くを聞き召して其の伎を觀る義秀游泳數回忽ち投じて見へず少くして巨大の三鮫魚を挾み出づ人々其の勇猛に愕く建保元年父義盛北條氏の僭惡を惡み之を除かんと欲し兵を擧ぐ義時大に畏怖し實朝を挾みて令を諸將に傳へて兵を召す義秀直に兵を進めて幕府を攻む北條泰時朝時足利義氏等大門を守護す義秀手を以て其の門を押す關の木折て扉破開く義秀庭中に入り攻撃最急なり凡其の鋒に罹る者命を殞さゞるなし義秀進みて營を燒く實朝出でゝ火を法華堂に避く將士軍を率ゐて大戰し義盛戰死す義秀其の徒五百人を從へて海に泛びて房州に奔る或人高麗へ赴くとも云へり

図1　『小学用歴史』コラム「朝比奈三郎の武勇」（『日本教科書大系　近代編歴史2』）

れるだけとなり、戦後の国定教科書『くにのあゆみ』で復活するまで、泰時や時頼の善政は置き去りにされてしまう。現在の歴史教育は、この昭和戦前期の「置き去り」状態の復活・延長上にあるともいえよう。

三浦氏に関しては、初期の文部省検定教科書『小学校用歴史』（明治二十一年）がコラムで「朝比奈三郎《あさひなさぶろう》の武勇」を取り上げているのが注目される。朝比奈は歌舞伎の曽我狂言の重要な登場人物であるから、多くの庶民は知っていた。歌舞伎には「三浦介」が登場する演目もあるし、年末に各地をまわった伊勢神宮のお

札売りの祝言には「三浦の大介《おおすけ》百六つ」の文言があるから、学校教育では登場しなくとも、三浦氏は今よりも身近な存在だった。

鎌倉幕府史・武士研究の問題点

研究者の間において、鎌倉幕府の歴史は、源頼朝の独裁的な権力が成立していく過程、頼朝の死後は、他の御家人や将軍を押さえ込んでいく北条氏の権力伸張の歴史として捉えられてきた。こうした捉え方の背景には、権力は対決・屈服の結果として勝ち取るもので、権力体はさらに大きな力の獲得を目指していくものだという先入観がある。これは幕府と朝廷との関係にもいえることで、鎌倉時代から室町時代を幕府による朝廷権限収奪の歴史として捉えることがかつては主流だった。しかし、史料を丹念にみていくと、そんなに単純なものではないことがわかってくる。

また、これまでの武士研究は、武士の在京活動などに注目しつつも、その根底には彼らを在地領主、地域の支配者とみなす意識が強く、幕府から与えられた地頭や守護という地位が重視されてきた。反面、特定の武士については国衙《こくが》との関係が論じられているものの、関東御分国になっている国とそうでない国との違いなど、幕府と国衙、国衙と武士との関係が十分に意識されてきたとはいいがたい。

鎌倉幕府の長である将軍と御家人との関係も固定的な封建的主従関係として捉えられてきた。しかし、将軍である鎌倉殿の地位は、この時代の身分体系のなかで諸大夫《しょだいふ》から公達《きんだち》、さらには王胤《おういん》へと上昇し、御家人たちも、無官の侍《さむらい》、衛府《えふ》の尉《じょう》クラスの有官の侍、五位の侍受領《ずりょう》、諸大夫などに身分分化していく。鎌倉殿も御家人も身分が変動しているわけであるから、その関係にも何らかの変化があった考えた方がいい。平安時代に形成され、貴族社会のみならず、武家社会をも含み込んでいるこの時代の身分体系や社会の枠組みを前提としなくてはならないだろう。

そして、もっとも大きな問題が、史料の扱いである。後世の自己主張の塊のような系図史料の記述を真に受けて展開される武士論、鎌倉幕府がつくった編纂物である『吾妻鏡《あづまかがみ》』の叙述をたどることを基本とする幕府政治史、いずれも本格的な史料批判が必要だろう。すでに『吾妻鏡』は史料批判がなされているという声があるかもしれない。しかし、史料批判とは、「北条氏による曲筆・改竄《かいざん》」と片づけることではない。『吾妻鏡』の史料批判とは、記事の一つ一つを原史料レベルに掘り下げ、情報源は何か、その情報は信用に足るものか、そこに文飾の形跡はないのかという点までを見極めることである。さらに公家日記に残されている関東申次《かんとうもうしつぎ》や六波羅探題《ろくはらたんだい》から朝廷に報告された幕府の公式見解や信頼できる情報と『吾妻鏡』の記事とをつけ合わせることで、『吾妻鏡』の編者がつくろうとした事件のストーリーを排することができる。『吾妻鏡』本文も、北条本《ほうじょうぼん》を底本とする『新訂増補国史大系』（吉川弘文館）に全面的に依拠するだけでなく、最善本である吉川本《きっかわぼん》や、北条本に集成される前の古い形を残す零本《れいほん》、現存諸本の誤脱を補える仮名の南部本《なんぶぼん》などの諸本に目を向けることも必要である。

北条氏研究・三浦氏研究の現在

この二〇年で、北条氏研究、三浦氏研究ともに大きく変わった。北条氏に関しては、北条義時・重時・時頼・時宗などの新しい伝記が相次いで刊行された（岡田清一　二〇一九、森幸夫　二〇〇九、高橋慎一朗　二〇一三、川添昭二　二〇〇一）。『吾妻鏡』や『愚管抄』を読み込む永井晋の著作（永井晋　二〇一〇・二〇一九）、独自の北条氏像を描く細川重男の著作（細川重男　二〇一九）、都市鎌倉に着目する秋山哲雄の研究（秋山哲雄　二〇〇六）、雑誌『政治経済史学』を活動の場とする渡邊晴美・石井清文の著書（渡邊晴美　二〇一五、石井清文　二〇二〇）などが次々と刊行されている。北条氏が代々就任した六波羅探題、北条義時が主役の一人である承久の乱、さらに密接に関わる源実朝を取り扱う著作を加えると、実に華々しい。そうしたなかにあって、『北条氏発給文書の研究』は地道な基礎データとして貴重な研究成果である

（北条氏研究会　二〇一九）。また、伊豆韮山の中世遺跡群の発掘成果（池谷初恵　二〇一〇）を取り入れ、京都との関係を重視する野口実の研究も、他の研究に影響を与え、北条氏研究の一つの潮流を形成している（野口実　二〇〇七ほか）。ただ、これらの現在の研究にあって、先に指摘した鎌倉幕府史研究・武士研究の問題点が克服されているのかといえば、そうはなっていないのが現状である。

三浦氏研究は、二〇世紀末の『新横須賀市史』の編纂事業や三浦一族研究会の研究活動によって、飛躍的に進展した。約三三〇〇点の資料収集とその分析によって、従来の相模国の大豪族・鎌倉幕府の有力御家人としての三浦氏像は塗り替えられ、朝廷と強い結びつきをもち、全国規模で縦横に活動する新しい三浦氏像が構築された（横須賀市　二〇一二）。二冊の拙著（高橋秀樹　二〇一五・二〇一六）刊行後も、三浦氏や和田氏に関する論考が次々発表されているが、新しい研究成果に目配りのないものや史料解釈に難があるものが散見される。

本書のねらい

本書が目指すところは、一言でいえば、古い北条・三浦関係史の打破である。古い関係史とは、対立・対決を主軸とする捉え方によって描かれた歴史像である。さらには北条氏による他氏排斥という鎌倉幕府の枠のなかで捉えてきた関係史を見直すことでもある。

そうなると「対決の東国史」と題されたシリーズ名にふさわしくないかもしれない。しかし、常に対立・対決し合っている関係よりも、協調を基本とする関係のなかで、ちょっとした行き違いから生じた対決が決定的な最期につながることの方がむしろ多いだろうし、より人間的な関係でもある。東国の鎌倉を中心に展開された北条氏と三浦氏との関係は、東国だけで完結するものではなく、天皇・上皇（「治天《ちてん》の君《きみ》」）を中心に国家・社会が形成され、武士や武士たちがつくった関東の権力体（いわゆる鎌倉幕府）もその国家・社会を形成する一つの要素（権門《けんもん》）として秩序のなかに組み込まれていたという見方（権門体制論）からすれば、朝廷との関係、地方においても国衙との関係が重要になってくる。そのため、朝廷との関係や、天皇を中心とする身分秩序に関する記述が自ずと多くなっている。

鎌倉幕府史・武士研究の問題点として指摘した諸点を克服して、これまでの北条氏研究・三浦氏研究に新しい見方を示すこと、『吾妻鏡』や古記録の史料論を踏まえた政治史研究の方法を提示することが、本書でできればいいと考えている。

一　頼朝時代の北条氏と三浦氏

1　内乱前後・南関東の武士団と国衙

北条氏と三浦氏との関係を基軸として、鎌倉時代前期の東国や鎌倉幕府の動きを述べていくのに先立って、両氏を始めとする平安時代末期から鎌倉時代初期における南関東の武士団の状況について、国衙との関係を中心に概観しておこう。

伊豆国

伊豆国は、仁平元年（一一五一）から保元三年（一一五八）まで藤原経房《ふじわらのつねふさ》が国守をつとめ、叔父の安房守平義範《たいらのよしのり》が国を交換する形で次の国守となった。経房の前の国司は経房兄の信方《のぶかた》だったから、一時は父光房（久寿元年〈一一五四〉卒）が知行国主だった可能性がある。その後、仁安二年（一一六七）ごろから治承四年（一一八〇）五月まで源頼政《みなもとのよりまさ》の知行国となっていたようで、子息の仲綱《なかつな》や実務官人中原宗《なかはらのむね》家《いえ》が国守をつとめている。頼政が以仁王《もちひとおう》とともに反平家の兵を挙げて敗死した後は、平《たいらの》時忠《ときただ》の知行国となって、養子時兼《ときかね》が国守、平家家人の平兼隆《かねたか》が目代となった。伊豆国は平家の知行国化したと捉えられているが、時忠は後白河院の寵愛を受けた建春門院《けんしゅんもんいん》平滋《たいらのしげ》子《こ》の兄であり、後白河院に近い人物である。光房以前から院に比較的近い人物が代々知行国主や国守になっているから、その流れのなかで捉えた方がいいだろう。

保元・平治の乱にさいして、源義朝《みなもとのよしとも》にしたがった武士のなかに、伊豆国の武士はみえない。伊豆国は古代以来遠流の地であったから、平治の乱後、謀反人源義朝の子頼朝《よりとも》が配流された。頼朝は最初伊東祐親《いとうすけちか》に、後には北条時政《ほうじょうときまさ》に庇護されることになる。

近年の北条氏研究は、北条氏を伊豆国の在庁官人出身であったと位置づけ、これを重視している（森幸夫　一九九〇、野口実　二〇〇七）。『吾妻鏡』が北条時定《ときさだ》を「北条介時兼の男」と記し（建久四年二月二十五日条）、『尊卑分脈《そんぴぶんみゃく》』が時政の祖父として記す時家《ときいえ》に「伊豆介」の注記を付していること、北条高時《たかとき》討伐を呼びかける元弘三年（一三三三）の護良《もりよし》親王令旨《りょうじ》に「伊豆国在庁北条遠江前司時政」とあることに加え、故実書『吉口伝《きっくでん》』にも「北条四郎時政在庁として」とあって、藤原経房と時政のエピソードが載せられていることによる。しかし、岡田清一が述べるとおり、その典拠史料には史料批判が必要だろう

（岡田清一　二〇一九）。

『尊卑分脈』はもちろん、『吾妻鏡』の記事も自家を高めようとする意図をもつ系譜伝承を取り入れた結果であり、信は置けない。『吉口伝』は鎌倉時代最末期に経房の子孫藤原隆長《たかなが》がこの家に伝わる故実や口伝をまとめた書物である。そのなかで伯父藤原経藤《つねふじ》の語ったこととして、「伊豆国を故大納言殿知行し給う。この時、北条四郎時政在庁として奇怪の事有り。国司に召し籠めらる。よってその時故大納言殿の行迹《ぎょうせき》以下、時政ことごとく甘心申しけり」、すなわち経房が知行国主だった時に、北条時政は在庁官人で国守に召し籠められることが起きたが、その時の経房の対応に時政は感心したという。そして、そのことを時政が頼朝に語ったために、頼朝が経房を「賢人ゆゆしき人」と思って頼りにしたというのである。源頼朝が藤原経房を頼みとした理由を、知行国主経房と在庁官人時政との関係に求めている。

しかし、経房が伊豆守だったのは九歳から一六歳までである。その間、一二歳の時に父光房が没して、経房は義兄藤原忠親《ただちか》や舅平範家《のりいえ》の庇護を受けていた。彼が伊豆国の知行国主であったことを示す史料はないし、状況的にも考えがたい。「国司」を経房とする解釈も提示されているが、伊豆国を知行している「故大納言殿」（経房）と「国司」は文脈上使い分けられており、「故大納言殿」には用いられている最上級の敬語表現が「国司」に対しては用いられていない。別人と解釈するのが素直な読みだろう。このエピソードは、自家と、伊豆にゆかりのある鎌倉幕府や北条氏とのつながりの起源を、先祖経房の伊豆守という経歴に求め、その立場を知行国主に高めた上での創作とみなさざるを得ない。

時政を伊豆国の「在庁」とするのは、ほぼ同時期の護良親王令旨と共通するから、これが鎌倉時代末期の認識であることは間違いない。護良親王令旨は「在庁」を蔑称として用いているが、『吉口伝』は蔑称としての「在庁」ではない。では、「在庁」とはどのような存在なのか。『吾妻鏡』には多くの「在庁」の用例があるが、そのほとんどは国衙の実務官人を指す。伊予国の河野通信《こうのみちのぶ》（養和元年九月二十七日条）や「日向権守清実」（文治二年五月二十五日条）を「在庁」に含めている例はあるが、国衙雑事《ぞうじ》を統括する「○○介」を「在庁」と呼んでいる例はない。『鎌倉遺文』所収文書の用例でも、国衙の行政事務を担う下級事務官を指すことがほとんどである。北条氏を伊豆国の「在庁」とするのは、一〇〇年以上のちの鎌倉時代末期の言説であるから、それ自体怪しいが、仮に事実であったとしても、それは国衙の下級事務官であって、国衙雑事を統括する「介」を称するような存在ではなかった。

北条氏が伊豆国の国衙に関与するようになるのは、頼朝の挙兵後、建久年間のことである。時政の伊豆国一宮三島社神事への関与（建久五年十一月一日条、建久六年十一月十三日条）や、義時の奉幣使（建久五年十一月十八日条）、時連《ときつら》（のちの時房《ときふさ》）の三島社への使者（建久六年十一月二十一日条）が、その徴証である。頼朝の狩りに先立って、頼朝の命で時政が駿河国に下向し、狩野介宗茂《かのうのすけむねもち》とともに、頼朝の旅館以下のことを差配し（建久四年五月二日条）、狩りの当日に弁当を献じている（同十五日条）のも、この時点で北条氏が国衙雑事を掌握していたこととかかわる。

その伊豆国において一二世紀後半に「介」を称しているのは、工藤氏である。『吾妻鏡』のみならず、『平家物語』や『曾我物語』にも「狩野介（工藤介）」が登場する。茂《もち》光《みつ》・宗茂父子でこの地位を継承しており、茂光の甥祐経《すけつね》・祐茂《すけもち》の宇佐美《うさみ》氏の系統、同じく祐親の伊東・河津《かわづ》氏の系統が伊豆国東部に勢力をもっていた。この系統は、伊豆国衙に関与するいっぽう、京都とも深いつながりがあった。『曾我物語』には祐経が平重盛《しげもり》の家人となって皇太后宮藤原多子《たし》に仕えたことや院の武者所として在京したことが記されており、『吾妻鏡』に記される京都の文化に通じた祐経の姿とも符合する。治承四年（一一八〇）の源頼朝挙兵にさいしては、工藤介茂光父子・宇佐美祐茂は頼朝にしたがったが、伊東祐親は平家家人として頼朝に対峙《たいじ》した。

頼朝にしたがった伊豆国の武士には、工藤氏・北条氏のほか、伊豆国中央部の大見《おおみ》氏の一族や、同国北西部の新田忠常《にったただつね》・平佐古為重《ひらさこためしげ》・那古谷頼時《なごやよりとき》などがいた。いずれも小規模領主の武士とみられる。

相模国　隣国の相模国守にも院の近臣が多い。後白河院政期には藤原有隆《ありたか》・平業房《なりふさ》などが名を連ねており、頼朝挙兵時には信西《しんぜい》（藤原通憲《みちのり》）の孫藤原範能《のりよし》が国守であった。

三浦氏出身の白河院近臣平為俊《ためとし》と同じく院の寵童《ちようどう》だった藤原盛重《もりしげ》が国守をつとめていた天治年間（一一二四～六）に国衙雑事に関与するようになった三浦義明《よしあき》が、保元の乱（一一五六年）後に国衙雑事を統括するようになり、「三浦介」を称していた。西相模の中村氏も国衙に関与している。中世に成立した系図が、中村宗平《なかむらむねひら》・土肥実平《といさねひら》兄弟の父常宗《つねむね》に「笠間押領使」「土肥押領使」と注記していることからすれば、中村氏が相模国の押領使として国衙軍制を掌握していたのだろう（高橋秀樹　二〇一六）。

『保元物語』には源義朝麾下《きか》の相模武士として大庭景義《おおばかげよし》・同景親《かげちか》、山内首藤俊通《やまのうちすどうとしみち》・同俊《とし》綱《つな》、海老名季定《えびなすえさだ》、波多野吉道《はだのよしみち》の名がみえる。大庭氏は鎌倉権五郎景政《かげまさ》子孫の鎌倉系武士団で、相模川東岸から鎌倉郡に勢力をもっていた。山内首藤氏は鎌倉北方の山内荘、海老名氏は相模国中央部、波多野氏は北西部をそれぞれ本拠地としていた。

頼朝の挙兵にさいし、頼朝と行動を共にした相模武士には、土肥実平父子、中村景平《かげひら》兄弟、土屋宗遠《つちやむねとお》父子、岡崎義実《おかざきよしざね》父子、大庭景義・豊田景俊《とよだかげとし》がいた。相模川以西を本拠地とする武士が大半である。東相模の三浦氏も一族をあげて頼朝に合流しようとした。そのいっぽうで、かつて義朝にしたがっていた大庭景親や山内氏・波多野氏・海老名氏は平家の被官としての立場をとり、頼朝と敵対した。

武蔵国

保元の乱の源義朝軍には、豊島《としま》・足立《あだち》・中条《ちゅうじょう》・成田《なりた》・箱田《はこだ》・川上《かわかみ》・別府《べっぷ》・奈良《なら》・玉井《たまい》・長井斎藤《ながいさいとう》・横山《よこやま》・平山《ひらやま》・熊谷《くまがい》・榛沢《はんざわ》・岡部《おかべ》・河匂《かわわ》・手墓《てばか》・庄《しょう》・金子《かねこ》・仙波《せんば》・山口《やまぐち》・河越《かわごえ》・諸岡《もろおか》・秩父《ちちぶ》などの広範な武蔵武士がみえ、数の多さでは義朝軍の中核をなしていたと考えられる。この時には上洛はしていない畠山重能《はたけやましげよし》と小山田有《おやまだあり》重《しげ》も義朝にとっては重要な存在だった。平治の乱でも長井斎藤実盛《さねもり》・足立遠元《とおもと》・平山季重《すえしげ》が活躍している。

武蔵国守は、久安六年（一一五〇）以来藤原信頼《のぶより》であった。前任者である藤原季行《すえゆき》をはじめ、後白河院の近臣が代々国守をつとめてきた。ところが、平治の乱で信頼が殺されて

図2　武蔵の武士たち（『源平合戦図屏風』、兵庫県立歴史博物館所蔵）

から後は、平清盛《きよもり》に知行が与えられ、知盛《とももり》・知度《とものり》らの清盛子孫が二〇年にわたって国守をつとめる平家知行国となった。

そうしたなかで、平家と武蔵武士との間には、国衙軍制を介した結びつきが生じていた。頼朝の挙兵後、相模国衣笠城（神奈川県横須賀市）での三浦一族との戦いに動員された河越重頼《しげより》率いる「当国の党々」はそうした平家の国衙軍制下にあった武士たちである。その統率権は、国衙軍制を握る惣追捕《そうついぶ》使職《しき》を継承していた畠山・河越氏などの秩父の家が有していたらしく、その地位は後に「武蔵国総検校職《そうけんぎょうしき》」と称されることになる（山野龍太郎　二〇一七）。また、一部の武士は国守と主従関係を結んだようで、熊谷直実《くまがいなおざね》は平知盛の家人となっていた（『吾妻鏡』建久三年十一月二十五日条）。熊谷直実は、頼朝の挙兵にさいしても他の武蔵武士とは別行動をとっていて、「平家被官の輩」として大庭景親とともに石橋山で戦った。

安房国　安房国は、藤原経房が保元三年（一一五八）～長寛二年（一一六四）に国守をつとめて後、頼朝挙兵後に至るまで知行国主の地位にあり、子息定経《さだつね》、弟定長《さだなが》らを国守とした。頼朝挙兵の情報は安房国から知行国主経房に報告され、経房が平時忠を介して後白河院に奏上している（『山槐記』治承四年十月七日条）。

安房国に上陸した頼朝は、安房国住人安西景益《あんざいかげます》に書状を送り、在庁官人を率いて参上することを命じている（『吾妻鏡』治承四年九月一日条）。景益は国衙に何らかの形で関与していたのだろう。『保元物語』には、安西のほか金摩利《かなまり》・沼《ぬま》・丸《まる》氏の名がみえ、頼朝上陸後すぐに滅ぼされた長狭常伴《ながさつねとも》もいた。相模国の三浦義明の長子義宗《よしむね》は、長寛元年（一一六三）長狭氏との合戦で傷を蒙ったことが原因で死亡したというから（延慶本『平家物語』）、長狭氏と対岸の三浦氏は長年対立関係にあったのだろう。

下総国

平治の乱後の下総国守は、閑院流藤原氏の庶流藤原実仲《さねなか》の在任が確認できる程度で、詳細は不明である。頼朝の挙兵時の目代が「平家の方人《かとうど》」（平家の味方）とされて、千葉常胤《ちばつねたね》に討たれているが、平家の知行国であった証左はない。目代を討った千葉常胤は、『保元物語』にも義朝麾下《きか》の武士としてみえる。「千葉介」を称しており、そのころには、目代のもとで下総国の国衙雑事を総括する立場にあったのだろう。治承四年九月に目代を討ったあと、国府を押さえた常胤は、ここに頼朝を迎えている（『吾妻鏡』）。その後、常胤には頼朝から下総国の軍事・警察権が付与された（同承元三年十二月十六日条）。『平治物語』には、下総国住人下河辺荘司《しもこうべしょうじ》行泰《ゆきやす》（行義《ゆきよし》）の名もみえる。南部には桓武平氏を称する一族、北部には秀郷流藤原氏を称する一族が勢力をもっていた。

上総国

親王任国であった上総国は、久安五年から後白河院の近臣源資賢《すけかた》が介（受領）をつとめ、甥の中賢《なかかた》や孫雅賢《まさかた》も介になっているから、資賢の知行国だったとみていい。その後も、北面《ほくめん》の藤原為保《ためやす》など後白河院に近い人物が介をつとめていた。ところが、治承三年（一一七九）十一月の平清盛によるクーデターで為保が解官されると、清盛の侍藤原忠清《ただきよ》が介に任じられた。忠清は、関東八ヵ国の平家家人の武士を束ねる「八ケ国ノ侍ノ別当」という地位を給わった人物である（延慶本『平家物語』）。

『保元物語』『平治物語』に登場する上総国の武士は上総介八郎広常《かずさのすけのはちろうひろつね》のみである。彼の通称は上総介の八男を意味するから、このころ父常澄《つねずみ》が「上総介」だったのだろう。ただし、この「上総介」は、源資賢や藤原忠清らが就いた上総国国司の上首である「上総介」ではない。後に広常が「上総権介」を称していることから考えても、正しくは「権介」（他国の権守に相当する）であろう。「上総介」が後世、千葉介や三浦介と並び称されることから、これらは一律に捉えられているが、親王任国の国名に介がつく「上総介」、しかも「上総権介」と、郡名に「介」がつく千葉介・三浦介とは本来区別されるべきものである。平氏諸流系図（中条《なかじょう》家本）には、「同（上総）介」の注記がある常澄の子息「同介」常景の注記に「長寛年中、弟常茂のために害せらる」とあり、常茂の注記にも「弟弘常のために害せらる」とあるから、平治の乱後に父の死去すると、兄弟間の争いが起こり、その結果、広常が上総権介の地位を継承した。

『吾妻鏡』には、頼朝挙兵後、上総国周東《すとう》・周西《すさい》・伊南《いなん》・伊北《いほう》・庁南《ちょうなん》・庁北《ちょうほく》の二万の軍勢を率いて隅田川に参上したとあるから、広常が上総国の国衙軍制を掌握していたのだろう。

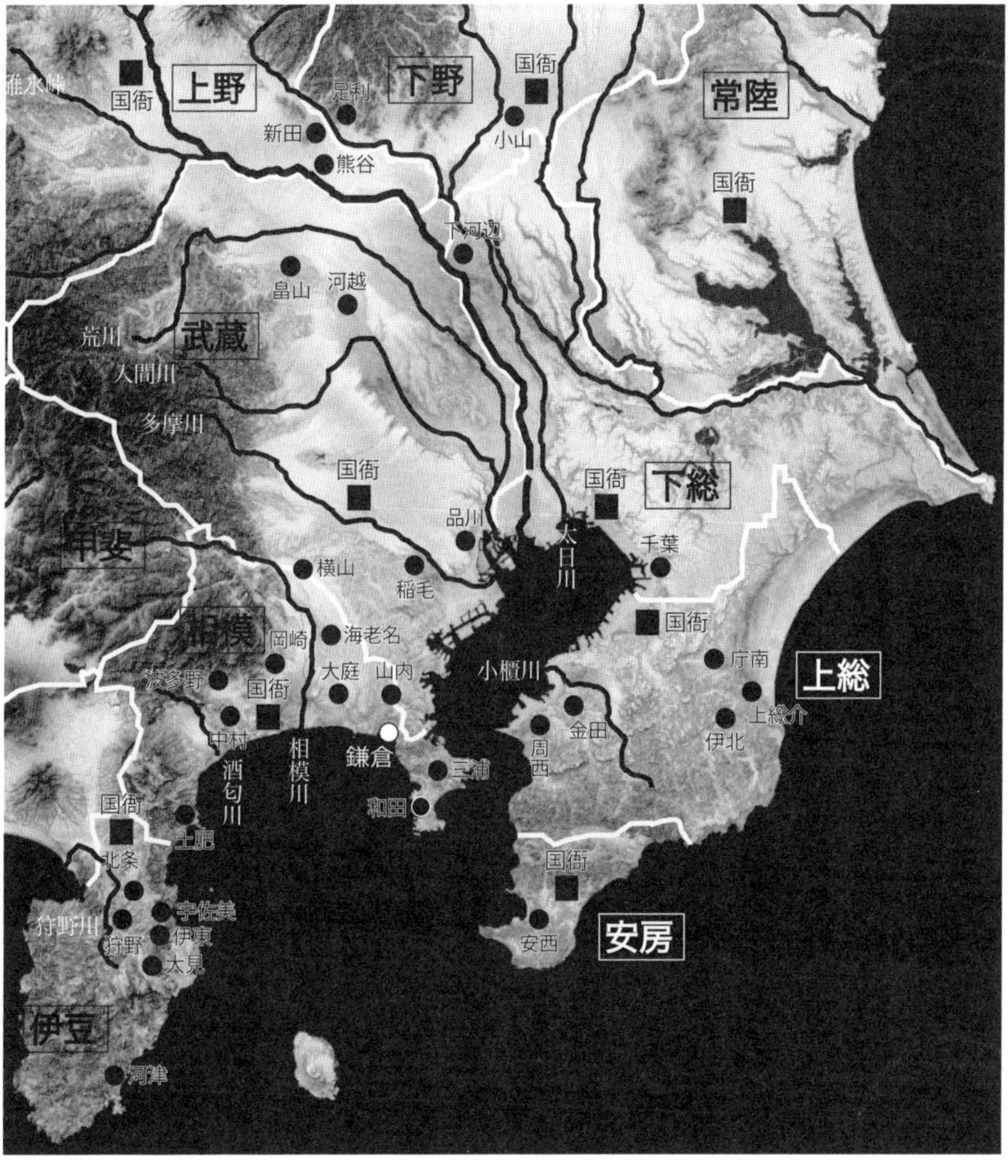

図3 南関東の武士団分布地図

南関東国衙ネットワークの形成

伊豆国の国衙に関わっていたとみられる伊東祐親の娘は、相模国の三浦義澄《よしずみ》と土肥遠平《とおひら》に嫁していた。三浦氏、中村系の土肥氏、ともに相模国の国衙に関わっていた武士である。「伊東大系図」には祐親の妻が三浦義明の娘だったという記載もある。相模国の三浦氏は、伊豆の伊東氏のほか、武蔵国の畠山重能や上総権介広常の弟金田頼次《かねだよりつぐ》とも婚姻関係を築いているし、安房国の安西氏との間にも婚姻関係が想定される。義明の弟義実の妻は同じく相模国の国衙に関わっていた中村宗平の娘である。さらに広常は佐竹《さたけ》氏の「縁者」と称されている（『吾妻鏡』治承四年十一月四日条）から、常陸国の佐竹氏との間に婚姻関係があったとみられるし、下総国の千葉氏は、常陸大掾《ひたちだいじょう》家や武蔵国の秩父氏との婚姻関係が確認できる。一二世紀後半に、南関東の各国で国衙に関わっていたような有力武士は、国内はもとより、国の枠を超えて婚姻関係で結びつき、ある種のネットワークを形成していた（高橋秀樹　二〇一六）。

北条時政の娘が下野国の足利義兼《あしかがよしかね》に嫁したのは養和元年（一一八一）二月一日のことであり、鎌倉での居住を前提とした婚姻である。源氏一門の平賀朝政《ひらがともまさ》や貴族の藤原実宣《さねのぶ》との婚姻はさらに時期が下る。秩父系の稲毛重成《いなげしげなり》や畠山重忠《しげただ》、下野国の宇都宮頼綱《うつのみやよりつな》との関係も挙兵後であろう。平安末期の伊豆国の北条氏は、南関東の国衙をつなぐ婚姻ネットワークに入っていない。入り込めるほどの規模の領主ではなかったからだろう。

北条義時の母を伊東祐親の娘とする系図が一点あるが、傍証はない。もし事実であれば、捕えられた祐親の身柄を北条氏が預かっていてもよさそうであるが、その事実はない。また、伊東氏との関係を通じて、その縁戚である三浦氏を烏帽子親《えぼしおや》としたために義時の名に「義」の字がついたとする説もある（細川重男　二〇一九）が、「義」の字を使うのは三浦氏に限ったわけでもなく、推定の域を出ないだろう。状況証拠的には否定的にならざるを得ない。

北条時政の後妻牧《まき》の方《かた》は、平忠盛の妻池禅尼《いけのぜんに》とも所縁のある女性で、牧氏は駿河国大岡牧《おおおかのまき》（静岡県沼津市）の領主だと考えられている（杉橋隆夫　一九九四）。また、どこまでが事実かは不明だが、時政が娘を伊豆国の目代山木兼隆《やまきかねたか》に嫁がせようとしていた話が真名本『曾我物語』や『平家物語』にみえる。南関東の国衙ネットワークに入れなかった北条氏の意識は、東の関東ではなく、京都を含む西に向いていたといっていいだろう。

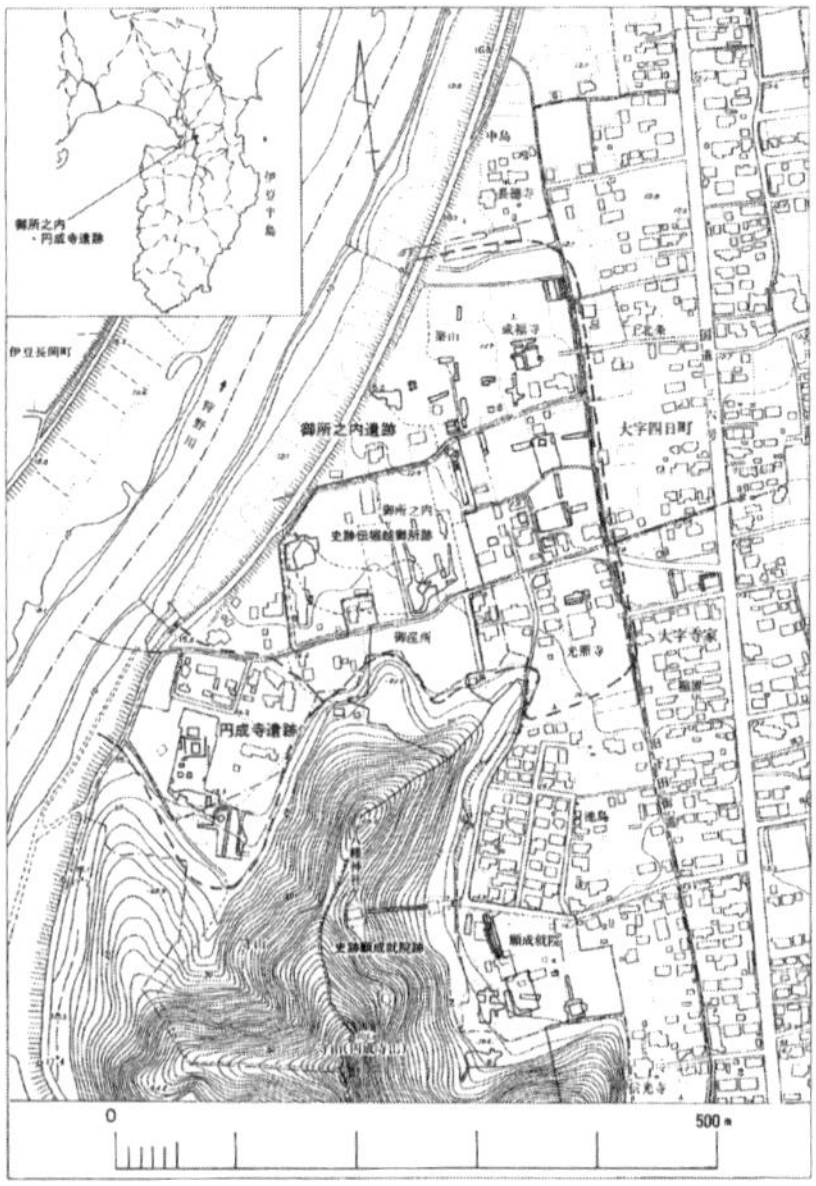

遺跡全図

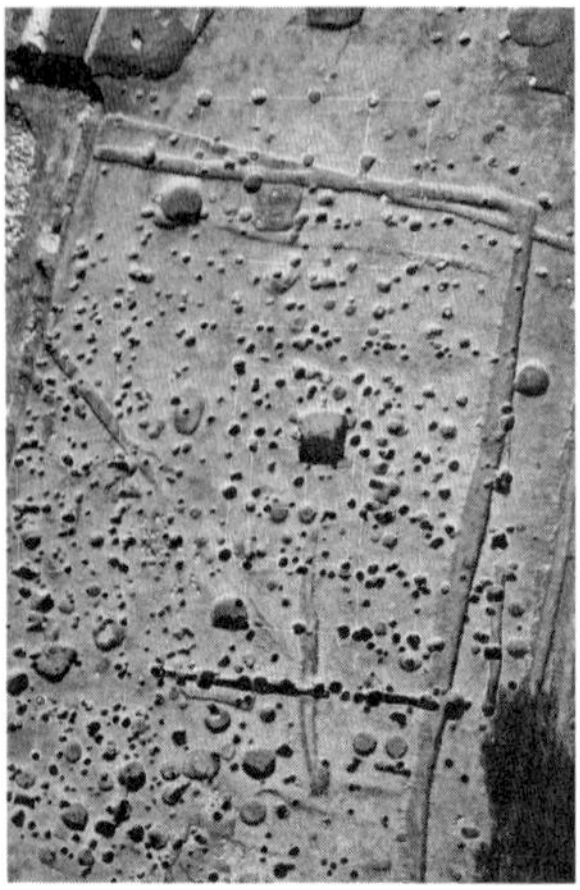

屋敷跡全景

図4　北条館跡とされる円成寺遺跡（伊豆の国市教育委員会提供）

2 頼朝と北条氏

頼朝と政子の結婚

延慶本『平家物語』や真名本『曾我物語』によると、源頼朝は流人時代に伊豆国の伊東祐親の三女と結ばれ、一男をなしたが、京都大番役から戻った祐親はその婚姻を認めず、幼い男子を殺害してしまった。頼朝は伊東の御所（静岡県伊東市）を抜け出し、同国の北条時政の北条館（静岡県伊豆の国市）で庇護されるようになった。頼朝は、時政の在京時に時政の娘（のちの政子）に通った。京都から戻ってそのことを知った時政は、すでに婿取ることを約束していた伊豆国目代《もくだい》平兼隆《かねたか》に娘を嫁がせようとした。しかし、娘は逃げだし、頼朝と伊豆山（静岡県熱海市）に駆け落ちした。仕方なく時政も頼朝との仲を認めたという。治承四年（一一八〇）四月に平家追討を呼びかける以仁王の令旨が届いたのは頼朝の北条の館であるから、挙兵直前の頼朝が北条氏の勢力圏である北条を生活拠点としていたことは間違いない。かつてはこれを貴族社会の婿取婚《むことりこん》の反映であるかのように捉えることもあったが、伊豆に基盤をもたない流人ゆえの寄宿であるから、夫方居住が主流であったこの時期の一般的な婚姻居住形態とは切り離して考えなくてはならない。

『吾妻鏡』寿永元年（一一八二）二月十五日条は伊東御所からの脱出を安元元年（一一七五）のこととする。真名本『曾我物語』は、それを治承元年とする一方で、時政娘との通婚を安元二年（一一七六）とする矛盾があるが、いずれにしても一一七〇年代後半の出来事ではあろう。

延慶本『平家物語』や真名本『曾我物語』が描く頼朝と政子のエピソードは余りにも有名である。時政が流人の頼朝を庇護し、娘と頼朝が結ばれたことで頼朝と北条氏との関係が始まったとするこの話は、これまでほとんど疑われることはなかったが、余りにできすぎの話で、創作部分も多そうである。

弟全成と時政娘との結婚

時政の別の娘（のちの阿波局《あわのつぼね》）が、頼朝の弟である全成《ぜんじょう》と結婚している。こちらの方が頼朝の結婚よりも時期が早い可能性が高い。

『吾妻鏡』文治元年（一一八五）十二月七日条は、侍従藤原公佐《きんすけ》室を、時政の外孫で、全成の娘であると説明する。公佐は、頼朝が文治元年の奏状のなかで重要な右馬頭に推挙した人物であり、京都の巨細は藤原能保《よしやす》と公佐に相談して決めたとも述べている。能保は頼朝姉妹の夫であるから、もう一人の公佐の推挙も頼朝との姻戚関係を前提としたものと考えざるを得ない。公佐の生年は不明だが、この文治元年に叙爵していることからすると、一〇代半ばくらいの年齢だろうか。公佐の妻となっていた全成の娘（時政の外孫）の年齢も不明であるが、仮に一三歳だとすると、承安三年（一一七三）生まれとなる。そうなると、全成と時政娘との婚姻は遅くとも承安二年までに結ばれていないと辻褄が合わない。『吾妻鏡』が頼朝と政子が駆け落ちしたとする安元元年（一一七五）よりも後に全成と時政娘が結ばれ、公佐妻が生まれたとすると、文治元年に公佐妻は七・八歳ということになってしまうから、これは考えがたい。全成と時政の娘との婚姻関係が先ず成立し、その関係を踏まえて、頼朝と政子の婚姻が結ばれたというのが実態ではあるまいか。

全成は仁平三年（一一五三）生まれ、幼名を今若《いまわか》といった。平治の乱の時八歳、その後、奈良で得度《とくど》して遠江国阿野《あの》に住したという（『尊卑分脈』）。ただし、この遠江国阿野は駿河国阿野（静岡県沼津市）の誤りである。また、「醍醐禅師」と称されており、『吾妻鏡』は、平家追討の令旨が出されたことを京都で聞いて密かに醍醐寺を出て東国に下り、下総国鷺沼《さぎぬま》（千葉県習志野市）の頼朝館にやって来て対面したと語るが、全成の名は真言系の血脈《けちみやく》（法流の系譜）類にもみえず、僧侶としての経歴はまったく不明である。頼朝挙兵時まで京都の醍醐寺で修行していたとすると、時政娘との婚姻の事実と矛盾する。いっぽうで、『吾妻鏡』治承四年八月二十六日条は、頼朝挙兵直後、佐々木兄弟が箱根山辺りで全成と合流して渋谷重国《しぶやしげくに》の館に入ったと記している。頼朝挙兵以前から、全成は箱根山あるいは伊豆山の周辺にいて、時政の娘を妻としていたとみる方が自然だろう。そうなると、頼朝と政子をめぐるエピソードや頼朝と弟とのエピソードの一部は創作されたものである可能性が高くなる。

挙兵後の頼朝と北条時政

治承四年八月の石橋山《いしばしやま》合戦には、北条時政、その子宗時《むねとき》・義時、時政の弟と考えられている時定が参加した。石橋山（神奈川県小田原市）で敗れた後、時政父子は一時頼朝と別行動し、宗時が討ち死にした。その後、頼朝と合流した時政・義時は小船に同乗して安房国に逃れた。頼朝が房総半島に上陸した後、時政は頼朝の使者として甲斐国・信濃国に向かい、さらには甲斐源氏らとともに、駿河国に向かって目代を討った。そのころ、鎌倉に入った頼朝とは、十月に黄瀬川《きせがわ》（静岡県沼津市）の陣で再会している。

平家が滅び、源義経も謀反人となって都を離れた文治元年十一月、時政は頼朝の代官として上洛し、翌年三月まで在京した。藤原兼実《かねざね》の『玉葉』が「頼朝妻の父北条四郎時政、

図5 源氏・北条氏関係系図

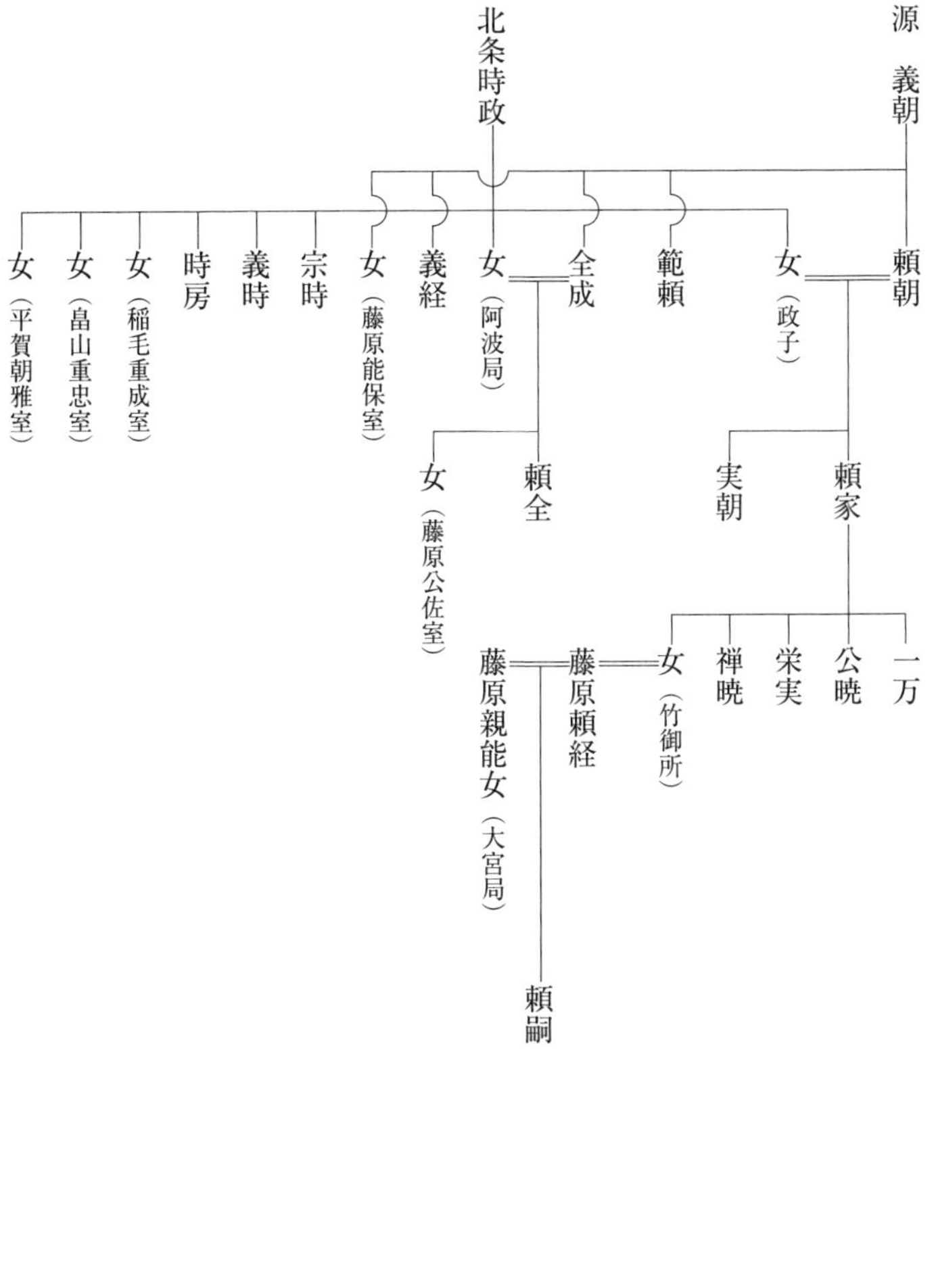

今日入洛す」（十一月二十四日条）と記しているとおり、頼朝の舅という立場で代官となっていた。平家与党人・義経与党人の逮捕、狼藉停止などの治安維持が主たる任務であった。また、頻繁に鎌倉に飛脚を送り、京都の情勢を伝えている。守護・地頭設置の申し入れ、議奏公卿設置の申し入れなども行っているが、後白河院やその周辺との交渉は頼朝と藤原経房との間の書状のやりとりが中心で、時政はその伝達に関与していたに過ぎない。最初は「北条丸」とさげすまれていたが（『玉葉』文治元年十一月二十八日条）、後白河院も時政の能力を高く評価して鎌倉に戻ることを惜しんでいる（『吾妻鏡』文治二年三月二十四日条）。

建久元年（一一九〇）に上洛した頼朝は、権大納言・右大将に任じられた。在京中に両職を辞して鎌倉に戻った頼朝は、年が明けてから、正月の政所吉書始《まんどころきつしょはじめ》を行った。政所別当は中原広元《ひろもと》（のちの大江広元）のみで、家政機関職員の中に時政の名はみえない。また、建久三年以降に発給された、現存する頼朝家政所発給文書にも時政の名はない。したがって、時政は鎌倉殿の政所別当《まんどころべっとう》（＝家司《けいし》）や執事《しつじ》（＝筆頭の家司）という立場ではなかったことになる。

時政の発給文書をみても、在京時の治安維持を命じる文書のほかは、北条氏の所領経営に関する文書が大半であり、頼朝側近として頼朝の意を奉じる文書の発給にも携わっていない（北条氏研究会　二〇一九）。

また、幕府内の地位の序列を示すとされる正月の椀飯《おうばん》役についても、建久二年・同四年の正月元日は千葉常胤、同五年・六年の元日は足利義兼であって、時政は元日はおろか、それ以外の日も勤仕していない。有力御家人とは位置づけられていなかったのだろう。さらに正月の御行始《ごこうはじめ》に選ばれているのは、『吾妻鏡』をみる限り、安達盛長《あだちもりなが》や八田知家《はったともいえ》・比企能員《ひきよしかず》の邸宅である。最側近とも位置づけられていなかったことが明らかだろう。

では、頼朝にとって時政はどのような存在だったのか。

平時における時政の活動で目にとまるのは、征夷大将軍宣下の勅使に対する饗応の費用負担（建久三年七月二十八日条）、外孫に当たる千万《せんまん》（のちの実朝）誕生後の五十日百日《いかももか》の儀の費用負担（建久三年十一月二十九日条）、名越《なごえ》の浜御所での遊興の経営など、頼朝のための費用負担である。自身は軽服のために伊豆国にいて参加していない場合であっても費用負担は行っている（建久六年七月二十九日条）。こうした経済的な援助は、聟に対する舅の日常的な役割そのものである（高橋秀樹、一九九六）。頼朝にとって身近な姻族（親類）というのが、時政の位置づけだろう。

ただし、後述するとおり、頼朝と同じ諸大夫《しょだいふ》身分を持つ頼朝の父系親族である源氏一門とは異なり、身分はあくまでも下位の侍身分であった。

北条義時は時政の子息ではあるが、頼朝からみて舅にあたる時政とはまた違った位置づけがなされている。

義時の立場

文治五年四月十八日の時政男の元服儀礼の記事は、参加者が着座順に記されている。源義信《よしのぶ》以下の源氏一門、次いで千葉常胤・三浦義澄以下の御家人が記されているなかで、義時の座は、源範頼《のりより》と新田義兼《にったよしかね》の間、源氏一門のなかにあった。国守の官をもつ筆頭の源義信から範頼までは、頼朝と同じ諸大夫身分であり、皇嘉門院蔵人《こうかもんいんくろうど》の職をもつ義兼も諸大夫層に属する。この儀式において、義時は源氏一門と同じ待遇を受けていたとみられる。同年六月の鶴岡八幡宮塔供養参詣の行列では、義信や安田義定《やすだよしさだ》らが頼朝の御後《ごご》に狩衣を着て騎馬しているのに対して、義時は先陣の随兵《ずいひょう》をつとめる一人である。その位置は小山朝政《おやまともまさ》らの御家人と同列ではなく、頼朝に近い最後尾で武田信光《たけだのぶみつ》と並んでいる。その前二列は、南部光行《なんぶみつゆき》・徳川義秀《とくがわよしひで》・新田義兼・武田有義《ありよし》の源氏一門である。有義が兵衛尉の官をもっているものの、ほかは無官である。義時の位置づけについて、端的に示されているのが、建久四年正月元日の椀飯儀礼における「源氏ならびに江間殿および御家人等庭上に候す」という表現だろう。ここでいう「源氏」は義信以下の受領になっている源氏一門を指すとみられる。諸大夫層の源氏一門とも、侍層に属する一般御家人とも異なる立ち位置、無官の源氏一門同等の位置に義時があったことを示している。

席次のみではなく、義時のつとめた役割からも同様のことがいえる。それは、頼朝御前の御簾《みす》を上げたり、賜禄《しろく》を伝えたりする役である。同じ役をつとめているのは、平時忠の子で四位の時家《ときいえ》（文治四年三月十五日・建久二年正月元日・五日）・足利義兼（建久四年正月元日）・加賀守俊隆《としたか》（建久三年八月九日）が確認できる。いずれも諸大夫身分の人物である。また、頼朝の子息千万の五十日百日儀の陪膳《ばいぜん》役をつとめていることも注目される（建久三年十一月二十九日条）。これらの御簾上げ、賜禄の伝達、陪膳の役に侍身分の御家人は携わらない。義時は、侍身分の父時政とは違う身分的位置づけだった。建久六年の石清水八幡宮から東大寺に向かう行列では先陣随兵の最末、随兵のなかでは頼朝にもっとも近い位置に結城朝光《ゆうきともみつ》と並んでいる。朝光は、頼朝の烏帽子《えぼしご》子となっていた人物である。おそらくは義時も朝光と同じく頼朝と擬制的な親子関係を結んでいたのだろう。

その特別な身分は、義時の子にも継承されたから、「礼は老少によるものではない。とにかくその人によるのである。なかでも金剛（のちの泰時）のような者は、お前たち傍輩《ほうばい》（御家人）に準じてはいけないのである」という頼朝の発言が生まれたと考えられる（建久三年五月二十六日)。

義時やその子泰時が「江間四郎」「江間太郎」を称していることから、彼らは北条家の庶家であって時政の後継者ではなかったとする見解がある(本郷和人　二〇〇四、細川重男　二〇一九)。しかし、この時代、父子二世代夫婦が同居することは禁忌《きんき》とされ、子どもが結婚すると、別に居所を構えるか、父母が子どもに居所を譲って他所に引っ越すのが普通であった(高橋秀樹　一九九六)。結婚した義時が、「北条」の狩野川対岸にある「江間」に居所を設けたために、「江間四郎」と呼ばれ、その義時と同居していた未婚時代の泰時が「江間太郎」と呼ばれるのは、居所の所在地から生じた通称である。一二世紀末の苗字は必ずしも父子継承される家の称号にはなっていなかった。こうした事情は、真名本『曾我物語』の伊東祐親・河津祐通父子に詳しいし、三浦義明の子義澄が「矢部次郎」を称していた例など枚挙にいとまがない。

頼朝の在世中に時政・義時・時房・泰時の父子三代が官職を得ることはなかった。官職をもつと、侍なのか諸大夫なのかという身分的位置づけが明確に示されることになる。それを避け、北条氏を源氏一門ともまた他の御家人とも違う特別な位置に置くために、頼朝は彼らに官職をもたせなかったのだろう。

3 頼朝と三浦一族

義明・義忠の討ち死に

平治元年（一一五九）の平治の乱では、一三歳の源頼朝が父義朝のもと、平安京の待賢門《たいけんもん》や六波羅で戦った、この時、相模国の山内首藤俊通・同俊綱・三浦義澄・渋谷重国、武蔵国の長井斎藤実盛・足立遠元・平山季重、上総国の上総権介広常らの東国武士が義朝に従軍していた。このうち、治承四年（一一八〇）の頼朝挙兵にさいして、唯一頼朝に同調したのが三浦氏であった。おそらく頼朝がもっとも頼みとした軍事力が三浦氏の勢力であったとみていい。しかし、三浦氏の本拠地である三浦半島と、頼朝が挙兵した石橋山との間には、相模湾と相模川が横たわっていた。相模の国衙周辺にも力をおよぼしていた三浦氏のうち、相模川よりも西の岡崎・真田（神奈川県平塚市）周辺を拠点としていた岡崎義実・佐那田義忠《さなだよしただ》父子のみが頼朝軍に加わったものの、三浦の本隊は、荒天のために、船が出せず、増水した川も渡れずに、石橋山での挙兵に間に合わなかった（八月二十日条）。

三浦氏の到着を待たずに兵を挙げた頼朝軍は石橋山合戦で敗れ、栄誉の先駆けをつとめ

図6　三浦大介義明（『源平合戦図屛風』、兵庫県立歴史博物館所蔵）

た義忠は討ち死にした。途中から引き返した三浦一族の本隊は、由比《ゆい》の小坪《こつぼ》で武蔵国の平家方の軍勢と戦い、いったんは停戦したものの、本拠地の衣笠《きぬがさ》城をさらに攻められて、一族の総帥三浦介義明らが戦死した。『吾妻鏡』は、一族を逃し、自らは城に残ろうとした義明の姿を「われ源家累代の家人として幸いにその貴種再興の秋《とき》に逢うなり。なんぞこれを喜ばざらんや。保つところ八旬有余なり。余算を計うるにいくばくならず。今老命を武衛に投げうち、子孫の勲功を募らんと欲す。汝ら急ぎ退去してかの存亡を尋ね奉るべし。われ独り城郭に残留し、多軍の勢を模し、重頼にみせしめん」の名言とともに記す（八月二十六日条）。しかしこれは鎌倉時代を通じて伝説化された義明の姿であり、一族に連れ出されて、最後は敵に身ぐるみ剥がれて殺されたことを記す延慶本『平家物語』の方が事実を伝えていそうである。その後、頼朝は、命を捧げた義明と佐那田義忠の二人のために寺院を建立して追善供養を行い、子孫を厚遇することで、初戦敗戦の記憶を忠義のエピソードに置き換えて喧伝した（高橋秀樹 二〇一六）。

宿老三浦介義澄

衣笠で敗れて海を渡った義澄以下の一族は、頼朝一行と海上で出会い、安房国に上陸した。『吾妻鏡』や延慶本『平家物語』は、船上で三浦一族の和田義盛が侍所別当の地位を望んだとのエピソードを伝えている（治承四年十一月十七日条）。義澄について、『吾妻鏡』は安房国の「国郡案内の者」と記す（九月三日条）。三浦半島は対岸の安房国と七キロ程度しか離れていなかったから、日常的なつながりがあり、三浦氏は安房国衙に何らかの関わりをもっていた安西景益とも姻戚関係にあった。そうした理由で、安房国内の状況・情報にも通じていたのである。そこで、頼朝を襲おうとした長狭常伴を先んじて討っている。

下総国の千葉氏、上総国の上総介氏などをしたがえた頼朝は、平家が掌握している武蔵国の国衙軍制下で動員されていた江戸《えど》重長《しげなが》・畠山重忠・河越重頼らの武蔵武士たちも味方につけた。三浦義明を討った彼らを麾下《きか》に組み込むに当たって、頼朝は義澄らに憤りを残さないようにと説得している（十月四日条）。

十月六日、相模国の鎌倉に入った頼朝は、駿河国・伊豆国の境にある黄瀬川宿に赴き、朝廷からの追討使派遣に備えた。石橋山合戦で頼朝と戦った伊東祐親が捕らえられ、黄瀬川に連れてこられると、頼朝は祐親の婿である義澄に身柄を預けた。その後、義澄は恩赦を求め、頼朝もそれに応じたが、祐親は自らを恥じ自殺してしまった（寿永元年二月十四日条）。

富士川から京都に逃げ帰った平維盛《これもり》率いる追討軍を追って上洛しようとする頼朝に対して、千葉常胤・三浦義澄・上総権介広常は、常陸国の佐竹一族など関東の反頼朝勢力討伐を勧めた。義澄はこの年五四歳。常胤・広常・土肥実平・足立遠元とともに「宿老」と称される存在であった（治承四年十一月四日・文治三年九月九日条）。

黄瀬川から戻った頼朝は、治承四年十月二十三日に相模国の国衙で最初の論功行賞を行った。北条時政・武田信義以下の武士の本領安堵・新恩給与とは別に、義澄の三浦介の地位と下河辺行平の下河辺荘司の地位が特別に保証されている。下河辺荘は八条院を本家とする荘園で五月に以仁王を擁して挙兵して宇治川合戦で敗死した源頼政が領家であった。三浦介の地位も、本来、頼朝に補任権があるわけではないが、義澄による三浦介の地位継承や行平の下河辺荘司の地位を認めることで、頼朝には相模国衙や頼政遺領である下河辺荘の掌握を宣言する意味があった（高橋秀樹　二〇一六）。

義澄へと継承された三浦介は、亡父義明が有していた相模国の雑事（軍事警察権・裁判権を除く国の一般政務）を総括する地位の私称であった。飢饉のなか、中村宗平とともに相模国中の主だった百姓に米を配ることを命じられていたり（文治二年六月一日条）、相模国内の寺社恒例仏神事の興行を命じられている（建久五年四月二十二日条）のは、義澄の三浦介としての職能ゆえである。国衙所在地である大磯駅（神奈川県大磯町）に着いた奥州藤原氏から朝廷への貢馬・貢金・絹を差し押さえるかどうか、頼朝に問い合わせていたり（文治四年六月十一日）、鎌倉に下向していた真円《しんえん》僧正が帰洛するさいの宿次《しゆくつぎ》伝馬・送夫の分配を奉行した（建久六年正月十六日条）のも、国衙の交通路支配権にもとづく行為である。頼朝は、三浦義澄を介して、相模国衙を動かしていた。のちに義澄の子義村が源実朝に語ったところによると、義澄は頼朝時代に相模国の軍事・警察権も付与され、それが相模国の実質的な守護職につながったという（承元三年十二月十五日条）。

三浦半島は鎌倉から手頃な位置にあり、頼朝は風光明媚な三浦に出かけることが多かった。頼朝の名越殿（神奈川県鎌倉市）や岩殿観音堂（神奈川県逗子市）も三浦氏の支配領域内やその近くにあり。頼朝や若君をもてなすのが義澄ら三浦一族の役割であった（養和元年六月十九日条ほか）。そのほか、建久二年正月二日の椀飯費用負担をはじめ、さまざまな場面で義澄は頼朝に対する経済的奉仕を行っている。

頼朝が大御厩《おおみまや》を建てるさいに義澄は奉行をつとめており（建久二年六月十七日条）、後白河院に進上する馬を頼朝から預かっている記事もみられる（同年十一月三日）。後に、義澄の子義村が幕府直営の牧を預かっていたり、御厩別当をつとめていることなどから考えても、三浦氏には高い馬飼の能力があったのだろう（高橋秀樹　二〇一六）。

義澄は平家を追討する源範頼軍にしたがった。周防国から豊後国に渡る範頼は、千葉常胤の進言により義澄を周防国に留め置いた（文治元年正月二十六日条）。心ならずも留まった義澄は、周防国大島津（山口県周防大島町）で義経を迎え、すでに門司《もじ》関をみた者として、義経から壇の浦に渡る先頭を命じられている（同三月二十二日条）。

平家や奥州藤原氏を滅ぼし、平和が到来した建久元年（一一九〇）十一月、頼朝は満を持して上洛した。京都に入る行列のうちで、頼朝の御後に列なる水干姿の一〇人に三浦義

図7 三浦氏系図

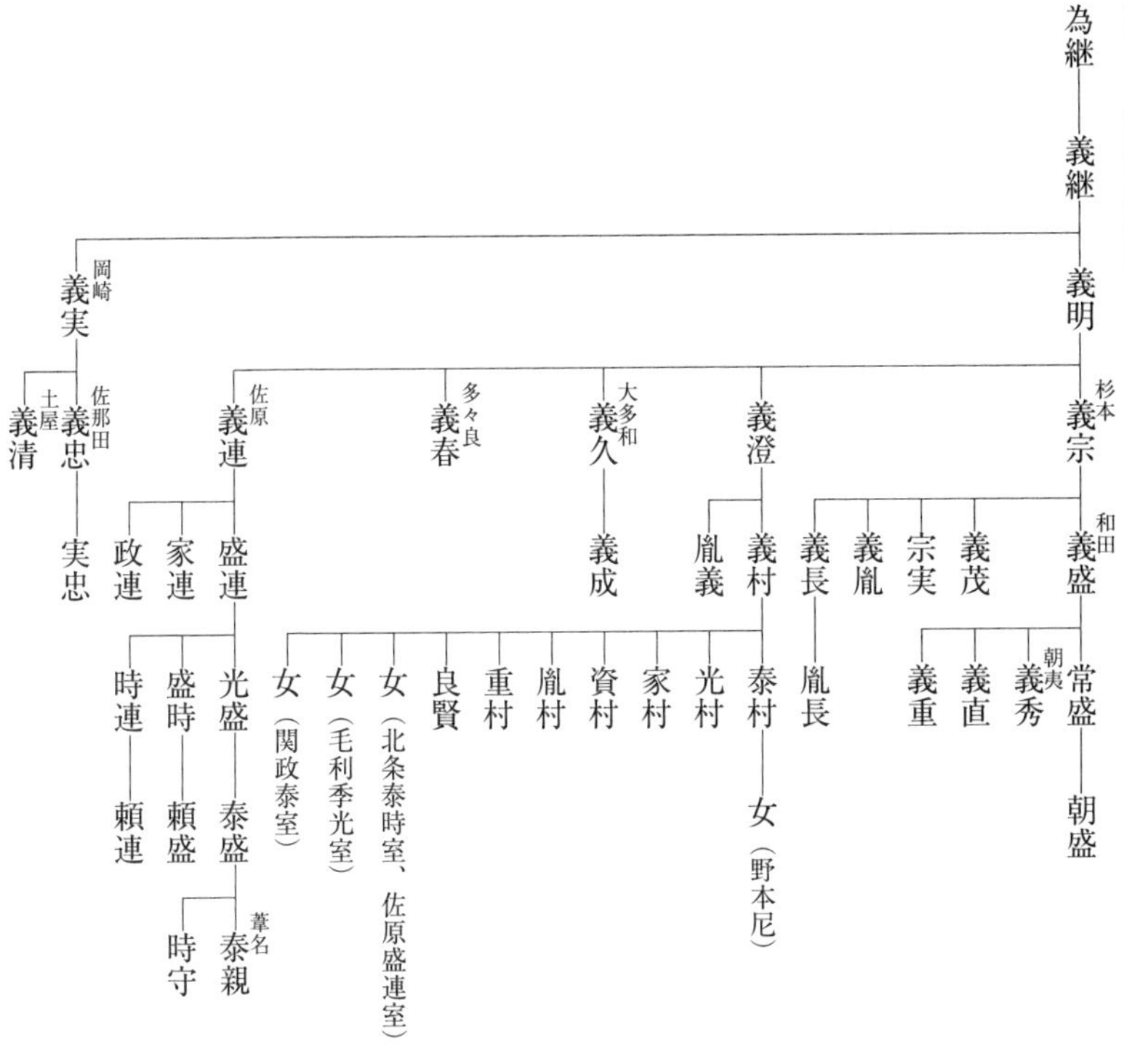

澄と弟義連が入っており、しかも義澄は複数人が横に並ぶ形ではなく、単独で騎馬行列した。二日後、初めて後白河法皇の六条殿に参った頼朝の行列の供奉人《ぐぶにん》のなかでも、義澄は先陣随兵の最前に単独で騎馬している。また、十一日の石清水八幡宮参詣では、国守の地位を得ている範頼・広綱《ひろつな》・惟義《これよし》・義範《よしのり》らの源氏一門とともに頼朝の御後に騎馬しており、北条義時の次、宇都宮朝綱《ともつな》や八田知家・千葉

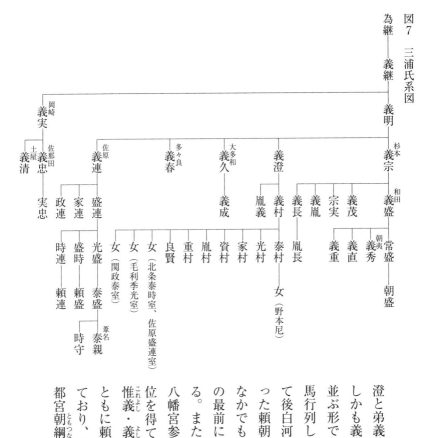

常胤たちよりも上位に位置づけられていた。十一月二十九日条でも「布衣の侍」と表現される御家人の筆頭に名が記されているから、義澄は侍身分の御家人の筆頭格だったとみていいだろう。

建久元年の頼朝上洛時に、三浦一族の三人が恩賞として官職を得た。この時に任官した一〇名中の三名である。義澄が辞退した代わりに子息義村が右兵衛尉、和田義盛が左衛門尉、佐原義連も左衛門尉に任じられている（十二月十一日条）。衛門尉・兵衛尉は侍身分の者が任じられる官職であり、三浦一族は侍として明確に位置づけられていた。それでも建久六年の二度目の上洛では、石清水八幡宮から東大寺に向かう行列の頼朝の御後に中原広元と三浦義澄が並んでおり（三月十日条）、諸大夫身分並みの待遇を受けたとみることもできる。義澄に対する頼朝の最大の厚遇は、建久三年に鶴岡八幡宮で勅使から征夷大将軍任命の叙書を受け取る大役を任せたことである（七月二十六日条）。この待遇は、父義明の戦死に対する顕彰のためであった。

和田義盛の侍別当補任と武芸

『吾妻鏡』は治承四年十一月十七日に和田義盛が侍所別当《さむらいどころべっとう》に補任《ぶにん》されたと記し、石橋山合戦後に安房国に赴くさいに、義盛が望んだというエピソードも載せる。しかし、信頼できる史料によれば、和田義盛

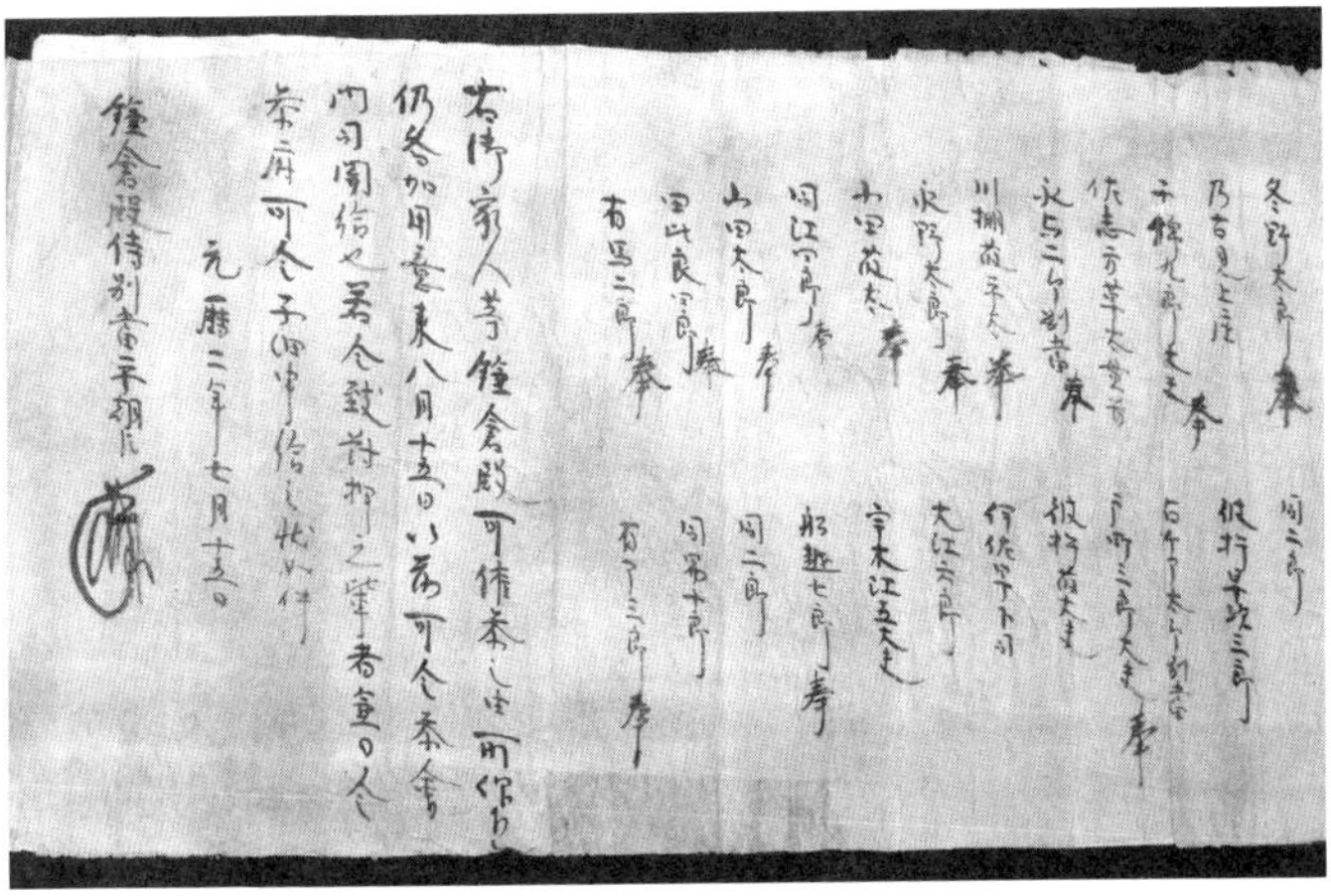

図8 「鎌倉殿侍別当下文」（佐々木文書、個人蔵、鹿児島県歴史・美術センター黎明館保管）

の役職は「鎌倉殿侍別当」（「佐々木文書」）であり、「侍所別当」ではない。補任記事の原史料も不明である。治承四年十一月十七日の「侍所別当」補任は疑う必要があろう。貴族社会における侍所は、政所と密接な関係をもつ機関であるから、頼朝の侍所の成立は、文治元年に従二位に叙されてから後のことだろう（高橋秀樹　二〇一六）。

義盛は侍別当として、のちには侍所別当として、梶原景時《かじわらかげとき》とともに罪人の処刑や首実検に従事したり（養和元年七月二十一日条ほか）、囚人を預かって、必要ならば尋問を行った（建久元年六月二十七日条ほか）。また、鎌倉の警固を行ったり（建久二年十一月二十一日条）、上洛時の京都（建久元年十一月八日条）・東大寺供養の警固（建久六年三月十二日条）を統括するなど、警察権を行使した。

元暦元年八月に鎌倉を進発した範頼軍には、三浦義澄・同義村・和田義盛・同宗実《むねざね》・同義胤《よしたね》・大多和義成《おおたわよしなり》らの三浦一族が従軍した（八月八日条）。なかでも義盛は、鎌倉殿の侍別当として、軍士等のことを奉行したり、大小事につき相談にあずかるために範頼につけられた存在で（文治元年四月二十一日条）、西国御家人の名簿の注進などを命じられている（文治元年五月八日条）。さらに、平家滅亡後の七月十五日には頼朝の命を受けて肥前国の御家人たちに門司関への参会を命じる鎌倉殿侍別当下文《くだしぶみ》を発給している（「佐々木文書」）。

文治元年（一一八五）正月、範頼軍は周防国に到ったが、飢饉の最中で兵粮も欠乏し、義盛さえもひそかに鎌倉に帰ろうとしたという（正月十二日条）。

奥州合戦でも従軍者の名簿作成を管理し（文治五年六月二十七日条）、建久元年・同六年の上洛では先陣随兵のことをつかさどった（建久元年九月十五日条ほか）。侍所の出勤管理を担当する（建久五年五月二十四日条）など、御家人の管理も、その職務だった。

『平家物語』は和田義盛の弓射の技についての話を載せている。また、奥州合戦でも、義盛の弓の腕前と強力は特記されるものだった（文治五年八月十一日条）。

三浦一族の武芸は戦時以外にも発揮されている。射芸では、治承四年十二月の御的始《おまとはじめ》の射手に和田義盛、文治三年八月の鶴岡八幡宮放生会《ほうじょうえ》の流鏑馬《やぶさめ》の射手に義村、同年十月の牛追物《うしおうもの》の射手に和田義盛と佐原義連《さはらよしつら》、文治四年正月の若君方弓始の射手に義盛・宗実・義連が選ばれているのを始め、その活動は枚挙にいとまがない。一族の多くが射芸に通じていたが、実力・知識ともにもっとも優れていたのは和田義盛である。建久五年十月九日、頼朝が小山朝政《おやまともまさ》亭に弓馬堪能の者を集め、相伝の家説などを尋ねた時の一八名の中に和田義盛が入っている。

和田義盛周辺に戦場の故実に通じた者がいたことは延慶本『平家物語』の小坪合戦の記事にもみえる。また一族内には相撲の巧者もおり、新造の義澄亭に頼朝が来臨したさいに、義村・景連《かげつら》が佐貫広綱《さぬきひろつな》・大井実春《おおいさねはる》とともに相撲をとっている（建久二年閏十二月七日条）。

頼朝側近佐原義連

養和元年（一一八一）四月、頼朝は御家人のなかから弓箭の達人で隔心なき者を選んで毎夜の寝所番を命じた。北条義時を筆頭とする一一名の御家人のなかに、和田義盛の弟義茂と、義澄の弟義連の二人の三浦一族が含まれていた（四月七日条）。その二ヵ月後、頼朝は三浦半島に出かけ、義澄一族が饗応した。頼朝に対して下馬の礼をとらなかった上総介広常を義連は咎めた。また岡崎義実が頼朝の水干を拝領したことに広常が嫉妬し、二人が口論すると、義連は叔父義実を叱り、広常をたしなめて、事なきを得た。その義連の行動に頼朝は感じ入り、ますます重用した（六月十九日条）。

その厚遇ぶりが示されたのが、文治五年（一一八九）四月の北条時政三男の元服儀である。頼朝御所で行われた儀式には、源義信以下の源氏一門や多くの御家人が列席していた。そのなかで頼朝は義連に加冠役を命じた。辞退する義連に対して頼朝は「今は上首が多く祗候しているから、辞退もいったんは当然だろう。ただし先年三浦に出かけたとき、故広常と義実との言い争いは、義連が宥めたから無事に済んだ。その心構えに感じ入った。この小童は御台所《みだいどころ》が特にかわいがっているので、将来に至るまで味方になって欲しいから、命じたのだ」と述べて説得した。その子には義連から一字をとった時連の名がつけられた（四月十八日条）。のちの北条時房である。

元暦元年（一一八四）正月、京都を掌握した源義仲《よしなか》を追討するため、頼朝の弟範頼・義《よし》経《つね》が率いる数万の軍勢が上洛した。義仲を討ち取ったのは三浦一族の石田為久《いしだためひさ》である。さらに西海の平家追討に向かった義経軍には義澄の弟義連が従軍した。二月七日の一の谷合戦では、険阻な鵯越《ひよどりごえ》の崖を真っ先に馬で駆け下りたエピソードが『平家物語』に記されている。弓始や追物の射手をつとめていることも多いから、武芸にも通じていたことがわかる。

建久三年（一一九二）八月、頼朝の二男千万が誕生した。護刀《まもりがたな》を献上した六人の御家人のなかに義澄・義連の二人が入っている。産養儀礼は、源義信・三浦義澄・加々美遠光《かがみとおみつ》・安達盛長・千葉常胤・下河辺行平・中原広元・小山朝政が負担しており、有力御家人がこの二男を支える体制を頼朝がつくろうとしていたことがわかる。十二月五日には一二名の有力御家人たちを浜御所に集めた。千万を抱いて出御した頼朝は、将来にわたって心を一つにしてこの子を守ってくれるように願っている。一二名のうちには、三浦義澄・和田義盛・佐原義連の名がある。頼朝にとって三浦一族は、自身とその家族を守る要であった。

頼朝時代の北条氏と三浦氏

頼朝挙兵前の三浦氏と北条氏は疎遠であった。おそらく交流の機会はほとんどなかったであろう。その両者の仲を取りもったのは頼朝である。政子がかわいがっていた時政三男の加冠役《かかんやく》に義連を選び、将来を託したことはすでに述べた。建久五年に義時の嫡男金剛が頼朝御所で元服したさいには、酒宴後に三浦義澄を座右に召して、金剛を婿とするように命じ、義澄は孫のなかから結婚相手を選ぶことを承諾している（二月二日条）。この泰時《やすとき》（金剛）と三浦義村娘との結婚は、八年後の建仁二年（一二〇二）に実現した。

頼朝は、自身の子息はもちろんのこと、時房・泰時など、若い北条氏の子弟を支える存在として三浦一族を位置づけ、その実現を図った。これから展開する北条氏と三浦氏との関係は、この頼朝の構想に端を発していたのである。

二　執権政治のはじまりと和田合戦

1　梶原景時排斥をめぐる東国武士団の動向

一三人の合議制

正治元年（一一九九）正月、源頼朝が五三歳で亡くなると、妻（北条時政の娘、のちの政子）は出家し、一男の頼家《よりいえ》が一八歳で鎌倉殿の地位を継承した。遺跡相続を認める宣旨《せんじ》が到来すると、二月六日に吉書始《きつしよはじめ》が行われた。政所に列座したのは、実務官人の中原広元（五二歳）・藤原重弘《しげひろ》・善信《ぜんしん》（三善康信《みよしのやすのぶ》、六〇歳）・藤原行光《ゆきみつ》・平盛時《もりとき》・中原仲業《なかなり》・三善宣衡《のぶひら》、御家人の北条時政（六一歳）・三浦義澄（七三歳）・八田知家・和田義盛（五三歳）・比企能員・梶原景時の一三名である。この顔ぶれが、頼家政権の政務を担う主要メンバーだとみていいだろう。頼家の乳母夫《めのと》（養育責任者）源義信を含む諸大夫層の源氏一門は入っていない。頼家の外祖父である時政が別格の存在として、四位の位をもつ広元よりも上席に位置づけられている。また、最長老である義澄は時政を除く御家人第一位の席次であった。和田義盛と梶原景時は頼朝時代以来、侍所を担う人物、八田知家・比企能員は頼朝の側近で、能員は頼家の乳母夫でもあった。

吉書始は幕府政所の建物で行われたが、正治元年段階での頼家の身分は正五位下左中将であり、家政機関としての政所を開設できる公卿の身分ではなかったので、頼家の発給文書は広元や盛時らの奉行人が奉じる形をとった（北条氏研究会　二〇一九）。

図9　3世坂東三津五郎の梶原平三（国貞画、早稲田大学演劇博物館、作品番号002-0646）

『吾妻鏡』の同年四月十二日条は、幕府法廷における頼家自身による尋問・裁許は停止され、今後は大小事にかかわらず、北条時政・同義時と、中原広元・善信（三善康信）・藤原（中原）親能《ちかよし》・三浦義澄・八田知家・和田義盛・比企能員・蓮西《れんさい》（安達盛長）・足立遠元・梶原景時・藤原行政《ゆきまさ》の一三名が談合に参加して判断を行うこととなり、それ以外の人物が訴えに肩入れして口を挟むことは禁じられたという記事を載せている。この「一三人の合議制」は頼家の決定権を否定し、頼家から親裁権を取り上げたものではなかろう（藤本頼人　二〇一四）。頼家による最終決定の前段階で一三名（現実的にはその一部）による合議が行われ、その結論を尊重する形で頼家が裁許を下すという形、朝廷における陣定《じんのさだめ》（公卿議定）のような諮問会議を想定して導入されたのが、この合議制の実態だったと考えられる。頼朝の御所内の一郭から善信亭に移されていた問《もん》注所《ちゅうじょ》（審理機関）が、この時期にふたたび御所の別郭に建て直されて、機能し始めるのも、訴訟制度改革の一環である。

先の吉書始と人数こそ同じ一三名ではあるが、下級実務官僚の盛時・仲業・宣衡らが抜け、時政の子義時と在京実務官僚の親能、頼朝の側近だった安達盛長、有力御家人の足立遠元が新たに入った。時政が別格の存在であることと、義澄が侍御家人の筆頭であることは変わっていないが、唯一、北条氏が父子でメンバーに入っていることは、幕府内で北条の家が特別な存在になったことを示すだろう。北条氏が頼家の外戚だったということ以外の理由はみいだせない。

同年三月、頼朝の娘三幡《さんまん》が危篤に陥る。京都から呼んだ医師を饗応する役が北条時政・三浦義澄・佐原義連・八田知家・梶原景時以下に課せられている（五月十三日条）。時政は外戚、義澄は筆頭御家人、義連・知家・景時は頼朝側近であり、彼らが遺された頼朝家族を支える存在であった。頼家の政権は、外戚北条氏と、頼朝の旧側近によって支えられた政権だったのである。

いっぽうで頼家周辺には新たな側近グループが形成されていた。その顔ぶれは、小笠原《おがさわら》長経《ながつね》、比企三郎・時員《ときかず》兄弟、中野能成《なかのよしなり》、和田朝盛、細野《ほその》四郎である。長経は頼朝の信頼を得ていた加々美遠光《かがみとおみつ》の孫、朝盛は宿老和田義盛の孫であり、比企兄弟の父も頼朝側近で、養育責任者の一人でもあった能員であるから、頼朝時代との断絶をみるよりは、頼朝側近の子・孫世代へと世代交代したと考えた方がいいだろう。ただし、そのなかに北条氏の子弟も三浦義村の子弟も入っていない。

梶原景時排斥事件

『吾妻鏡』正治元年十月二十五日条は、結城朝光が御所の侍で夢をみて、亡き頼朝のために「南無阿弥陀仏」の名号を唱えることを傍輩に勧めたさいに、「忠臣二君につかえず」の言葉を発し、頼朝の遺言により出家できなかったことを悔やんでいると話した記事を載せる。次の二十七日条の記事は、時政の娘である御所女房阿波局《あわのつぼね》が朝光に対して、梶原景時の讒言《ざんげん》で朝光が殺されようとしていると告げた話である。二十五日・二十七日、翌二十八日条ともに「晴れ」という天候記載があるから、事件後に作成された実検記など、何らかの記録史料を利用しているとは考えられるが、文言には「虎口の難を逃るべからざるか」「断金の朋友なり」などの漢籍を踏まえた表現が用いられていたり、後三条天皇と藤原頼通《よりみち》をめぐる話が挿入されているなど、かなりの脚色・文飾が施されている。ただ、謀反の疑いをかけられた朝光が三浦義村に相談し、和田義盛や安達盛長も加わって連署状作成の動きになったこと、二十八日に多くの御家人が鶴岡八幡宮に集まって神前で一味の約束を交わし、作者の中原仲業が訴状を読み上げ、御家人六六名が連署したことは信じてよさそうである。

『吾妻鏡』は、連署した六六名のうち三八人の名を載せる。千葉常胤・三浦義澄以下、畠山重忠・小山朝政・足立遠元・和田義盛などの有力御家人、比企能員・安達盛長らの頼朝側近、伊賀朝光・二階堂行光の実務官人系御家人など、出家入道している者も含めて、本拠地も武士団としての規模も広範で多様な構成になっている。そのなかで注目されるのは、三浦義村・和田義盛という二人の三浦一族がこの排斥を主導したらしいことと、身分的に一般の御家人とは一線を画していた諸大夫層の源氏一門と、外戚として特別な位置を占めるに至った北条氏の名、実務官人の中枢にいた広元や善信の名がみえないことである。これらは、この排斥運動が、頼朝のもとで宿老として、あるいは側近として重用されていた侍層のなかでの争いであり、頼朝在世中には抑えられていた景時に対する同僚たちの不満の噴出だったことを示していよう。当然、景時に対する弾劾は、頼家政権への打撃も大きいから、この政権を守ろうとする広元や北条氏と、三浦一族など他の御家人との間に政治意識の違いがあったことも示している。

連署状を託された中原広元は頼家への披露をためらっていたものの、和田義盛に強硬に迫られて披露した。頼家から訴状を下されて陳謝を求められた景時は、陳謝せずに、相模国一宮の館（神奈川県寒川町）に籠居した。十二月十八日、景時の鎌倉追放が決まり、一宮の館は破却された。これで一件落着かと思いきや、年が明けた正治二年正月二十日、相模国の原景房《はらかげふさ》からの飛脚により、景時が一宮に城郭を構え、この日の夜中に子息等とともに京都に向けて出発したとの報がもたらされた。そこで北条時政・中原広元・善信が御所に集まって協議し、追討のため三浦義村以下の軍兵を遣わした。二十日の夜遅く駿河国清見関（静岡市）に到着した景時父子は駿河国の武士たちと合戦となり、討ち取られた。二十三日条には駿河の武士たちが提出した二十日づけの合戦記が引用されている。二十四日には景時が謀反の準備をしているという情報があったため誅罰を加えたことを朝廷に報告する使者が上洛した。二十日の駿河での合戦記事は、引用された合戦記と口頭報告の記録を原史料とするから、内容には信憑性がある。

景時排斥事件は、『吾妻鏡』が語るこのストーリーとは若干違う出来事として京都に伝わった。藤原兼実はその日記『玉葉』に、藤原宗頼《むねより》・藤原範光《のりみつ》から得た情報として次のように記している（正月二日条）。

宗頼・範光が語るには「関東の兵乱のことについて、後鳥羽上皇に申し上げたことがありました。梶原景時は他の武士からそねみ憎まれていました。このことを不満に思って、頼家の弟千万を主君に立てて頼家を討とうと武士たちが準備していると讒言しました。そこで他の武士たちに頼家がお尋ねになったところ、景時を召して対論させて欲しいといったので、すぐに対決させたところ、景時は言葉も出ず、謀《はかりごと》がたちまちに露顕しました。景時と子息たちは皆ことごとく鎌倉を追い払われたということです」とのことであった。

景時が根拠のない讒言をしたことで他の御家人と対立して追放されたという大筋は『吾妻鏡』と変わらないが、その讒言の内容が頼家の殺害と弟千万の擁立という謀反事件であった点が大きく異なっている。

兼実が聞いたこの話は単なる噂話ではない。院近臣から後鳥羽上皇に報告された内容であり、もとの情報は幕府からの報告だったと考えられるから、信憑性は高い。

いっぽう、鎌倉の広元や善信は、その時期に後鳥羽上皇が五壇法を修していたことから、景時の上洛の動きは上皇との連携によるものではないかという疑念をもっていた。景時は京内に邸宅をもっていて、関係者も多く在京していたし、治承・寿永内乱期の西国での活動の後、播磨国守護となっていたから、事件の西国への影響も大きかった（正治二年二月二十二日条）。

景時排斥事件の評価

梶原景時の排斥事件はこれまでどのように位置づけられてきたのか。通史・概説書の類を繙いてみよう。

石井進は、『吾妻鏡』の記事を前提に、事件の火つけ役が北条時政の娘阿波局であったことや景時が討たれた駿河国が時政の守護国であったことから、弾劾書には登場しない北条時政の暗躍をみて取る。実朝擁立運動を景時に嗅ぎつけられたことで、御家人の不満に火をつけて、先手を打って景時を排斥したというのである（石井進　一九六五）。

永井晋は、『愚管抄』の「一ノ郎等ト思ヒタリシ梶原景時ガ、ヤガテメノトニテ有ケルヲ、イタク我バカリト思ヒテ、次々ノ郎等ヲアナヅリケレバニヤ、ソレニウタヘラレテ景時ヲウタントシケレバ、景時国ヲ出テ京ノ方ヘノボリケル道ニテウタレニケリ」という記事と『吾妻鏡』の記述から、景時は頼家の腹心の部下で乳母夫《めのと》として後見していた人物で、頼家政権を主導する景時に深刻な不信感を募らせたのであり、景時の讒言を告げた阿波局は北条政子の意向を受けて動いていたとみる（永井晋　二〇一九）。

山本幸司は、景時が武田有義《ありよし》を将軍に立てようとしたと記す『保暦間記』と『玉葉』の記事を用いて、頼家から見放された景時が源氏の血を引く人物を擁立しようとしたことは事実だろうとし、頼家は景時を見捨てた結果、自分の権力基盤を一層弱体化させ、その後の自身の悲劇へ向かうことになる政治史の一つの分岐点と捉える（山本幸司　二〇〇九）。

どの史料を重視するかで見方が変わっている。『吾妻鏡』の阿波局の告げ口の話は創作の色が濃いから、この記事は省いて考えた方がいいだろう。したがって、この記事から、事件の背後に時政の暗躍を想定する石井説や政子の意向をみて取る永井説にはしたがえない部分がある。

また、永井は『愚管抄』にもとづいて景時を頼家の乳母夫とするが、史料としての信憑性の高く、創作の余地がない万寿（頼家）七歳の鎧着《よろいぎ》記事（『吾妻鏡』文治四年七月十日条）

で、養育責任者として万寿の介添えをしているのは源義信と比企能員の二人であり、この儀礼に景時自身は参加していないから、景時を頼家の乳母夫とする『愚管抄』の記事を信じることはできない。おそらく『愚管抄』には、この事件の後に起こる比企能員の事件との混乱があるのだろう。

景時が武田有義を将軍に立てようと図って上洛を試みた話は、『保暦間記』のみならず、『吾妻鏡』正治二年正月二十八日条の伊沢信光の訴えにも登場する。この記事は天候を有しており、日記的な原史料にもとづく記事であるから、信光がこのように有義を訴えたことは事実だろう。依拠している史料の原史料レベルでの信頼性からみると、山本説が妥当だといえよう。

2 比企氏の乱と将軍交替

阿野全成謀反事件

梶原景時排斥事件の最中に三浦義澄が亡くなり、正治二年（一二〇〇）には岡崎義実が、建仁元年（一二〇一）には千葉常胤が、同二年には新田義重が亡くなった。御家人の世代交代が進むなか、正治二年四月に北条時政が遠江守に任じられた（『吾妻鏡』四月九日条）。頼朝時代以来、侍受領が禁じられているなかでの遠江守任官であるから、鎌倉殿の母方祖父である時政が侍身分を脱し、鎌倉殿父系親族の源氏一門同様の諸大夫身分あるいはそれに準じた身分になったことを示している。

頼朝から頼家への代替わりの不安定さは続いており、景時与党の討伐に加え、越後城《じょう》氏の反乱事件が起こる。建仁三年五月十九日、謀反の疑いをかけられた頼朝の弟全成が御所内に拘束された後、身柄を宇都宮朝業に預けられた。五日後、全成は常陸国に配流され、六月二十三日に八田知家によって下野国で殺された。七月には京都で全成の子頼全《らいぜん》も殺されている（『吾妻鏡』七月二十五日条）。事件発覚の翌日、頼家は政子亭にいる全成妻（時政娘阿波局）の召喚を求め、政子に拒絶されているから、全成事件は、北条時政や政子が頼家政権の安定化を図って源氏一門を排除した事件ではない。主導者は頼家自身なのだろう。景時を切り捨てたのと同様に、自分を支えてくれるはずの人物を疑心暗鬼から排除する頼家の姿がみえる。

『吾妻鏡』が描く比企能員殺害事件

『吾妻鏡』は建仁三年七月二十日に頼家が病となり、二十三日には危篤に陥ったことを記す。八月になっても危篤状態は続き、八月二十七日条では、関西三十八ヵ国地頭職が弟千万に、関東二十八ヵ国地頭職と惣守護職が長子一幡《いちまん》に分割譲与されたとする。これについて一幡の外祖父比企能員が怒り、反逆を企てて、千万と北条氏を謀ろうとしたと記している。少なくともこの能員に関する記事はその後の展開を踏まえた『吾妻鏡』編者の作文である。

頼家の回復を願う仏事と治療が行われるなか、九月一日には鎌倉に御家人たちが集まり、物騒な状況になった。『吾妻鏡』はその理由を叔（千万）姪（一幡）の不和が生じたためと説明している。

翌二日、能員が頼家の元愛妾であった娘（一幡の母）を通じて、分割相続が国を乱す原因となること、時政一族が一幡による治世を妨げることを頼家に伝え、時政追討を主張した。これを聞いた頼家は驚いて能員を病床に呼び、追討の談合をしたという。その密事を政子が障子を隔てて聞き、女房を遣わして時政に伝えた。時政は広元亭を訪れて、能員討伐についての意向を尋ねた。広元が明言を避けると、時政は退座して、供をしていた天野《あまの》遠景《とおかげ》・新田忠常に能員追討を命じた。遠景がだまし討ちを進言すると、時政は名越殿に広元を呼び、内諾を取った。午《うま》の刻に広元が退出した後、仏事と称して能員の聴聞を求めて呼び出し、遠景と忠常の二人に命じて殺害した。帰参した能員の従者が事の次第を報告すると能員の一族・郎等は一幡の館に引き籠もった。未《ひつじ》の三刻に政子の命令で義時・泰時・

義村・義盛らの軍兵が差し向けられた。戦いの後、比企一族と能員の婿たちは館に火をかけ、一幡の御前で自害した。その後、能員の舅渋河刑部丞《しぶかわぎょうぶのじょう》は殺され、能員に近い頼家の旧側近も拘禁されて、能員の縁者島津忠久《しまづただひさ》の大隅・薩摩・日向国守護職が収公された。

午の刻に広元が名越殿を出てからの記述は、時間をともなうもので、合戦記や事件記録にもとづいているとみられ、信憑性の高い記事である。それに比べて、能員と頼家のやりとり、それを立ち聞きしたという政子の行動、時政の遠景・忠常に対する下命などの部分は、原史料を想定できない記事で、創作性が高い。信憑性が低い部分を削いだとしても、能員殺害を時政が主導したこと、それが広元の了承を得た上で行われたこと、比企一族の討伐は政子の命令で主要御家人を動員する形で行われたことは疑いない。

『愚管抄』が記す比企能員殺害事件

慈円の『愚管抄』もこの事件のことを記す。頼家が比企能員の娘を想い、男子を生ませた。六歳になる一万御前である。一幡に家を継承させて、能員の世にしようとしていると、頼家の母方の祖父である北条時政が聞いて、頼家の弟千万こそ家を継ぐべきだと思って、建仁三年九月二日に能員を呼び寄せて、天野遠景と新田忠常に殺させた。そして武士を派遣して病床に臥せっている頼家を御所から広元亭に移し、頼家御所に並んでいる一幡の家に人を遣わして一幡を殺そうとした。しかし一幡は母とともに逃げ、御所に籠もった郎等は皆殺しにされた。

能員殺害事件の経緯は、密事に関わる情報の伝達部分を除き、『吾妻鏡』の記述とほぼ同じである。頼家が政子と同居していたと記す『吾妻鏡』のような不自然さもない。ただし、「比企氏の乱」に発展する部分の記述は異なる。時政が一幡を手にかけようとした部分は『吾妻鏡』には記されていない。『吾妻鏡』では小御所を攻めた幕府軍との戦闘に巻き込まれて一幡が焼死したように記す。その翌日、頼家の鞠仲間である僧源性《げんしょう》が小御所跡を訪れ、見分けのつかない焼死体が散乱するなかで、一幡の小袖の焼け残りを拾い、その死を知るという話を載せており、何やら創作の色相が強い。いっぽう、『愚管抄』によれば、一幡は十一月三日に義時が遣わした「藤馬」という郎等によって殺された。『武家年代記』裏書も十一月三日条に「義時使藤馬允」が殺したという記事を載せている。『愚管抄』や『武家年代記』裏書の方が信憑性があるだろう。

一連の事件のうち、能員謀殺事件は、頼家が重篤に陥ったことで、後継者問題が生じ、一幡が後継者となって、自身の権力の源泉である鎌倉殿の祖父という立場を失うことを恐れた時政が、先手を打って一幡の祖父能員を殺害した事件だった。能員殺害までは、時政が側近を動員して行った私的制裁に近いものだったが、能員一族が小御所に籠もったことで、幕府に対する反乱事件の様相を帯び、政子の命で義時・義村以下の幕府軍が動員され、反乱の旗頭とされた一幡の捜索と処分は義時に委ねられたのだろう。『吾妻鏡』によれば、このころから、政子のもとで北条義時と三浦義村が行動をともにしている。

鎌倉殿の交替

『吾妻鏡』は頼家の出家を建仁三年九月七日のこととし、十日以降に千万将軍擁立の動きを記す。ところが、『愚管抄』は、頼家が八月晦日に病を克服するために出家したと記す。右大臣藤原家実《いえざね》の『猪隈関白記《いのくまかんぱくき》』は、頼家が九月一日に死去したと同月七日に後鳥羽上皇に報告され、その夜に弟千万が征夷大将軍に任じられたこと、叙爵にともない、上皇が「実朝」の名をつけたこと、頼家の子は難を逃れたものの、その祖父能員は討たれたことを記している。その後、頼家死去が誤報であり、出家であったとの情報がもたらされたのは、九月三十日であった。たとえ出家であっても、出家者が征夷大将軍などの官職に在任することはできなかったから、実朝の征夷大将軍就任は問題なく実現した。頼家が死去したとされた九月一日は『吾妻鏡』でも頼家の危篤により鎌倉が大騒ぎになったとされる日であり、比企能員が殺される事件の前日に当たる。時政、あるいは幕府は、比企氏を滅ぼす前、頼家が重態に陥った段階で新将軍擁立へと動いていたのである。

『愚管抄』によれば、頼家が伊豆国の修禅寺《しゅぜんじ》（静岡県伊豆市）に移された後、一万が殺され、頼家も翌元久元年（一二〇四）七月十八日に殺された。凄惨な殺され方だったという。頼家の修禅寺下向を『吾妻鏡』は建仁三年九月二十九日のこととする。頼家の死についても元久元年七月十九日条に飛脚による報告として記すが、死因等についての言及はない。ただし、二十四日条には各地に隠れ住んでいた頼家御家人の謀反が発覚したので、義時が金窪行親《かなくぼゆきちか》らを遣わしてこれを殺したという記事がある。伊豆に隠居した頼家が実朝の政権に害をなさなければ、静かな余生が保証されたのであろうが、頼家の動きは幕府の期待に反するものだったので、ついには排除されたのだろう。

頼家が伊豆に下向した四日後、実朝は一二歳で元服した。従五位下征夷大将軍に任じられた九月七日の段階で、すでに実朝の名がつけられていたが、髻《もとどり》を結い、被り物をかぶるためには必要な儀礼であった。元服の儀は、時政の名越亭《なごえ》で、一〇〇名を超える御家人が列するなかで行われた。加冠役は一門の源義信、理髪役は時政である。時政の子義時と広元の子親広《ちかひろ》が陪膳役をつとめ、その他の役を小山・和田・佐々木・千葉などの有力御家人子弟たちがつとめている。翌日には政所始が行われ、広元と時政が政所別当に就任した。ここに、実朝を時政と広元が支える幕府の新しい体制が出来上がり、鎌倉中寺社奉行の改

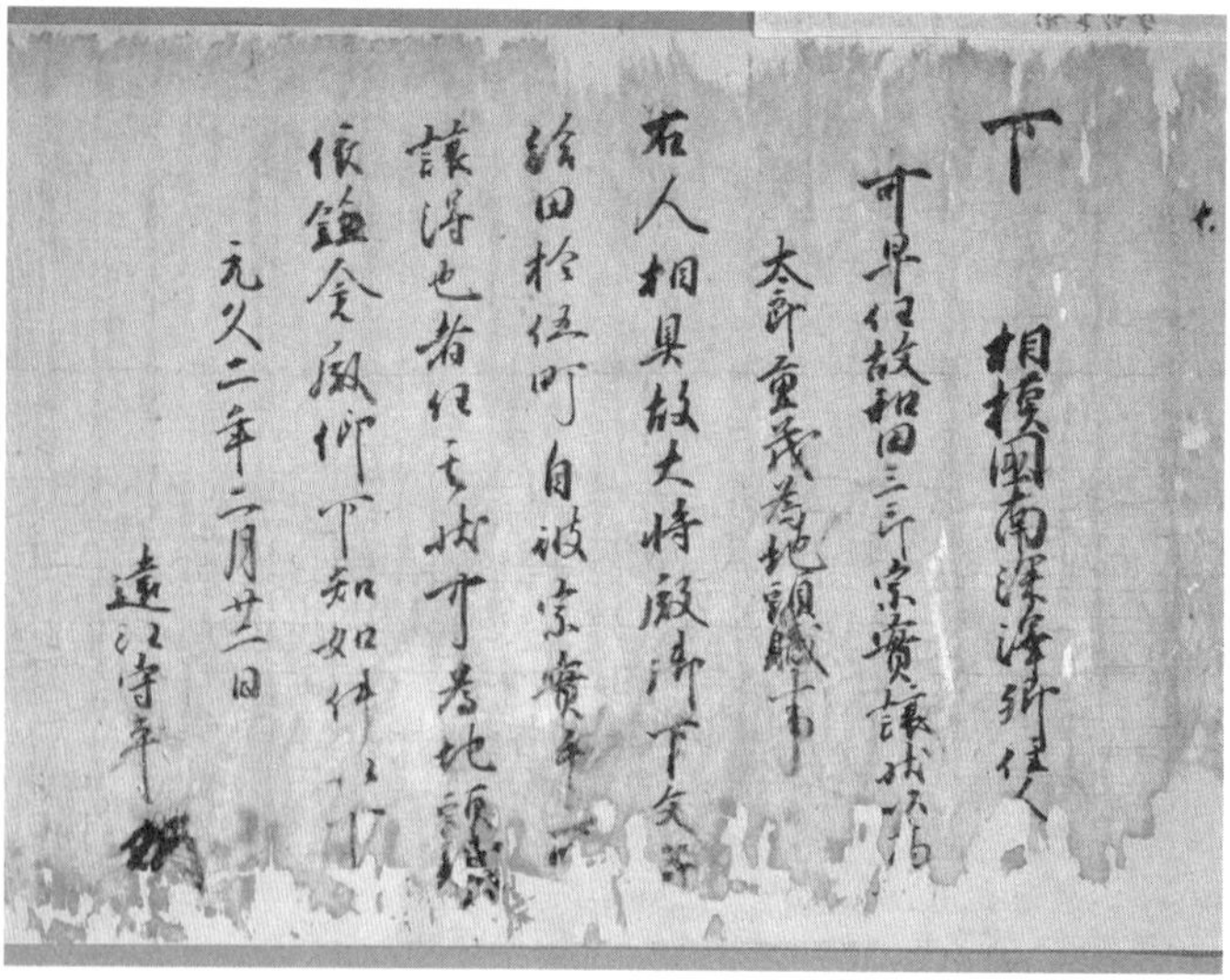

下　相模国南深沢郷住人
可早以故和田三郎宗実譲状為
大所重茂為地頭職事
右人相具故大将殿御下文并
給田拾伍町自彼宗実手所
譲得也者任手状可為地頭職
依鎌倉殿仰下知如件以下
元久二年二月廿二日
遠江守平

図10　時政発給の「関東下知状」（中条家文書、山形大学小白川図書館所蔵）

定など、代始のさまざまな政策が打ち出された。

実朝の将軍就任とともに幕府発給文書は、北条時政が実朝の仰せを受けて発給する関東下知状形式の文書に変更され、大江広元などの奉行人が仰せを承って発給する形式の文書は使われなくなった。幕府における時政の重要性が、頼家時代と比べて格段に高まったことを示していよう。実朝自身の署判で文書が発給されるようになるのは、時政が失脚した元久二年（一二〇五）以降である（北条氏研究会　二〇一九）。

この間、元服前の実朝が時政亭に

渡御《とぎょ》したり、さらに政子が実朝を迎え取るときには、北条義時と三浦義村の二人が遣わされて、実朝を守護した。二人は政子の手足となって活動している。元久二年に実朝が鶴岡八幡宮で大般若経転読を行ったときに、僧侶に対する布施の費用負担を行ったのは三浦義村であった。三浦氏は武力だけではなく、経済的にも実朝を支えていた。また、頼家が時政の追討を和田義盛に命じたとき、義盛は時政に頼家書状を献じているし、義盛は実朝の武芸指南役のような役割もつとめた。三浦氏・和田氏は、北条氏とともに実朝を長とする政権をさまざまなかたちで支えたのである。

畠山氏討滅と時政の失脚

源実朝将軍就任から二年経っても、代替わりの混乱は続いており、幕府は不安定だった。『吾妻鏡』によれば、元久二年（一二〇五）六月、北条時政の後室牧の方が、在京する娘婿の平賀朝雅の訴えを受けて、畠山重忠父子の殺害を時政に相談した。重忠を討とうとする時政に対して、子息の義時・時房は、同じく時政の娘婿に当たる重忠が頼朝時代から忠義一筋だったことや、比企の乱でも北条方についたことを述べて時政を諫《いさ》めた。時政は無言のまま座を起ったが、その後で牧の方が使者を遣わして義時を譴責《けんせき》した。翌日、鎌倉で謀反事件が起きたと聞いた畠山重保《しげやす》が郎従三人をともなって由比ヶ浜に向かうと、仰せを承った三浦義村の軍勢が重保を囲み、主従を殺害した。また、重忠を迎え討つように命を受けた北条義時らの軍勢が進発した。御所の警固は時政が担当している。義時・時房が率いる軍勢には、葛西・千葉・足利・小山・三浦・和田・結城・宇都宮・八田・安達・狩野・宇佐美・河越・江戸など、有力東国御家人の大半が動員されている。実朝の「仰せ」を受ける形で、実質的には時政が動員したといってもいいだろう。牧の方の讒言がきっかけでも、時政の意向が、そのまま実朝の仰せとなって、御家人を動かし、幕府の総意として重忠を討つことになったのである。

藤原定家の『明月記』には、庄司次郎某（畠山重忠）が誅せられたと時政が飛脚をもって京都に報告したと記されているし（六月二十七日条）、『愚管抄』も時政が討ったとする。この事件が時政主導であったことは間違いない。

ところが、二十三日になると、事件は時政の意図とは違った展開を見せる。三浦義村が、時政の忠実な手先となって重忠を呼び出した稲毛重成とその弟榛谷《はんがや》重朝《しげとも》父子を討った。七月八日には事件の論功行賞が、「将軍家御幼稚の程」という理由で、政子によって行われた。二十三日を契機として、動きが時政主導から政子主導へと移っているのである。二十三日の義村の行動は、義村の単独行動と考えるよりは、政子の意向を受けた行動だと考えた方がいいだろう。閏七月十九日、牧の方が平賀朝雅を将軍に擁し、時政亭にいた実朝を害そうとしたとして、政子が長沼宗政《ながぬまむねまさ》・結城朝光・三浦義村・同胤義《たねよし》・天野政景《まさかげ》を時政亭に派遣して、実朝を義時亭に移した。時政にしたがう御家人はなく、その日のうちに時政は出家した。そのわずか六時間後に時政は伊豆国北条に向けて鎌倉を発ち、執権の地位は義時に継承されるとともに、義時・広元・安達景盛による評議が開かれ、平賀朝雅を討つべく、使者が京都に派遣された。

この時政幽閉について、『愚管抄』は、時政と牧の方による朝雅擁立を知った政子が、三浦義村を呼んで相談したところ、「ヨキハカリ事ノ物」（知謀に長けた者）である義村は、実朝を義時亭に移して、郎等たちに邸宅を固めさせ、「将軍の仰せ」を称して時政を伊豆に送還したと記している。これ以後、政子・義時姉弟が幕府を運営していくことになったことを、慈円は「女人入眼ノ日本国イヨイヨマコト也」と表現している。実朝を将軍に擁した母政子と弟義時が主導し、広元たちが支える幕府の新体制は、政子と三浦義村との連携で実現された。その後四〇年にわたって続く北条氏と三浦氏との協調関係が、政子のもとで、ここに成立したのである。

3　和田合戦と東国武士団

和田義盛の上総国司所望

承元三年（一二〇九）五月十二日、和田義盛が上総国司への推薦を内々に求めた。実朝が母政子に相談したところ、政子から「故将軍（頼朝）の時代に侍受領は停止するようにと決められました。こうしたことを許して、新しい例を開くというならば、女の口出しには及びません」と拒絶されてしまった。義盛の思い入れは強く、二十三日には願書を中原広元に提出した。これによって実朝への内々の願いのレベルから、幕府における公式の申請ルートへと話が移ってしまった。半年後、実朝は義盛にしばらく待つように伝え、義盛もそれを喜んだが、その状態が二年続いたため、義盛は執着を捨てて、広元に願書の返却を求めた。しかし、すでに実朝に進上したことを理由に取り合ってもらえなかった（承元三年十一月二十七日・建暦元年十二月二十日条）。国司就任の願いが聞き入れられなかったことが、義盛挙兵の一因であるともいわれている。

「侍受領」とは、侍身分の国守である。六位の国守と解釈する研究者もいるが（永井晋二〇一〇)、『参議拝賀部類記《さんぎはいがぶるいき》』所引の『宣胤卿記《のぶたねきょうき》』に「布衣の侍受領仕え候わば、五位たるべく候か」と、五位の侍受領の存在が記されており、『書札礼《しょさつれい》』に、「諸大夫の受領」と「侍の受領」が並列されていることから考えても、諸大夫身分ではない侍身分の国守をさすと理解した方がいい。朝廷では、家格の低い侍身分の者が検非違使の尉をつとめた功績で国守になるルートが確立しており、平氏家人には国守になった者が何人もいた。ところが、頼朝時代には、諸大夫層に含まれる源氏一門と京下りの官人だけが国守になることを認められ、頼家時代に、侍層だった北条氏が鎌倉殿の外戚であるという理由で、一門に準じる形で国守となったのみで、その他の御家人が国守になる道は開けていなかった。

そのようななかで、なぜ義盛は国司を求めたのか。わざわざ「上総国司」を指名しているところがカギとなろう。彼はどこかの国守になりたいのではなく、「上総国司」になりたかった。これについて、武士の在地性を重視するこれまでの研究は、そのころ義盛が上総国に居住していたからだと考えてきた(大山喬平 一九七四)。しかし、そうではあるまい。上総国は一時源頼朝の知行国だったこともあるが、その後は藤原光隆《みつたか》・同雅隆《まさたか》・高階《たかしな》経仲《のつねなか》といった後鳥羽上皇の近臣が知行国主となっており、承元四年には後鳥羽上皇の西面の武士として知られる藤原秀康《ひでやす》が上総介(上総は親王任国なので、最上位の国司である受領は上総介となる）に任じられていた。当時、源実朝は上総国の知行国主ではないから、直接的な国司推薦権をもっていないのである。義盛を国司にするためには、後鳥羽上皇に働きかけ、さらに上皇から知行国主に働きかけなくてはならない。侍受領の禁止に加えて、手続き的にも困難な望みだったのである。それを承知で、なぜ望んだのかということになる。

その理由は、一言でいえば、「藤原忠清になりたかった」ということに尽きる。藤原忠清とは伊勢国出身の平家家人で、右衛門尉を経歴して、治承三年（一一七九）の平清盛のクーデター後、上総介となった。関東においては「八ケ国ノ侍ノ別当」という立場を与えられて、関東武士を統括した。義盛が忠清を強く意識していたことは、治承四年の挙兵敗戦時に安房国に逃れる船中で、源頼朝に対して「義盛には侍の別当を下さい。上総守忠清が平家から八ケ国の侍の別当をもらって、もてなされたのがうらやましいのです」と述べていることから窺える（延慶本『平家物語』）。頼朝の侍別当（のちの侍所別当）になった義盛が、次に望んだのは忠清が就いた上総介だったのである。義盛は侍受領になりたかったわけではなく、忠清になりたかった（忠清の先蹤《せんしょう》をおいたかった）わけであるから、上総介でなくてはならなかった。しかし、先にも述べたとおり、それが許される状況にはなかった。これが無謀な望みであることは義盛も理解したから、願書を取り下げようとしたのである。したがって、上総国司就任を拒絶されたことが、反乱の動機だと考えることはできないだろう。

泉親平謀反事件

『愚管抄』は和田合戦の原因を、義盛が北条義時を「深くそねみ討たん」としたことに求め、『六代勝事記』は義盛が実朝に対して恨みを成したとする。しかし、『吾妻鏡』の建保元年（一二一三）正月以前の記事をみる限り、正月四日の椀飯儀礼の費用を負担しているなど、幕府における重要な位置づけは変わっていない。義盛自身は鎌倉を離れて上総国伊北に居を移していたが、孫の朝盛が実朝に近仕しており、実朝や義時との間に問題が生じていた形跡はない。

そうしたなかで、二月十六日に信濃国御家人泉親平《いずみちかひら》を中心とした謀反事件が発覚した。共犯者として、信濃国・越後国・下総国・伊勢国・上総国の御家人の名が挙げられており、張本一三〇余人、伴類二〇〇人におよぶという大規模な事件であった。そのなかに、義盛の子義直《よしなお》・義重《よししげ》、甥の胤長《たねなが》の名もあった。ただし、その顔ぶれのなかに幕府草創期以来の宿老の名はみえないから、この事件は、義盛の子、上総介広常の子、八田知重の子など、第二・第三世代が中心となった動きであったと捉えることができよう。

子息や甥の身柄拘束に対して、義盛はすぐには動いていない。義盛が動くのは事件発覚の半月後である。三月八日、鎌倉中に兵乱が起きたと聞いた御家人たちが諸国から集まってくるなかで、義盛も日頃居住している上総国から鎌倉にやって来て実朝と対面した。義盛の行動は子息や甥の解放を嘆願するためではなく、他の御家人同様の「いざ鎌倉」であった。『吾妻鏡』が記すように、子息の処分に対する嘆願は、あくまで「その次いで」である。実朝は義盛の勲功に鑑みて、二人の子息を罪に問わないと、独断即決した。義盛はその対応に満足して退出している。この段階でも、義盛は不満を抱いていない。

ところが、翌日になると、義盛は予想外の行動に出る。一族九八人を引き連れて御所に参り、南庭に列座して、甥胤長の厚免を求めたのである。この義盛の正面突破に対して、幕府側も中原広元が申し次ぐという公式ルートで対応した。『吾妻鏡』には、天候記載もあり、義盛の装束も記されているから、この部分は日記を原史料とした信頼できる記事である。

続いて北条義時の命により、面縛《めんばく》された胤長が一族の前で、義時側近の金窪行親・安東《あんどう》忠家《ただいえ》の手から二階堂行村に引き渡された話を載せる。文末には「義盛の逆心もととしてこれによる」と記されており、明らかに和田合戦を前提とした文飾である。このほか、義時が拝領した胤長の屋敷に行親・忠家を遣わして、先にいったん拝領していた義盛の代官を追い出したという記事も、義盛の気持ちを洞察して逆心に結びつける形で作文されている（四月二日条）。義盛が義時に追い詰められていく内容をもつ記事は、これが原因で和田合戦が起こったとするストーリーに沿って『吾妻鏡』が脚色した記事であると考えた方がいいだろう。これまでの多くの研究が、和田合戦を北条義時による他氏排斥の一環として考え、義時が義盛を挑発して挙兵させたとしているのは、この『吾妻鏡』が描くストーリーに乗ってしまった結果である。

三月八日に実朝による子息の厚免に満足して退出してから、一族を引き連れて御所に押しかける翌日までの間、おそらくは八日の夜に、義盛を突き動かす何かがあったと考えざるを得ない。この年、義盛は六七歳、泉親平謀反事件に関与した義直は三七歳、義重は三四歳、胤長は三一歳である。泉親謀反事件が幕府草創世代と二世・三世世代とのジェネレーションギャップに起因していたとすれば、ここでも義盛は一族の若い世代に動かされて九日の行動に出たとみるのが妥当なところではあるまいか（高橋秀樹　二〇一六）。

和田合戦

義盛らの懇願にもかかわらず、胤長は許されることなく陸奥国岩瀬郡に配流となった。このころから甲冑を着した兵が義盛亭の近くを徘徊していた

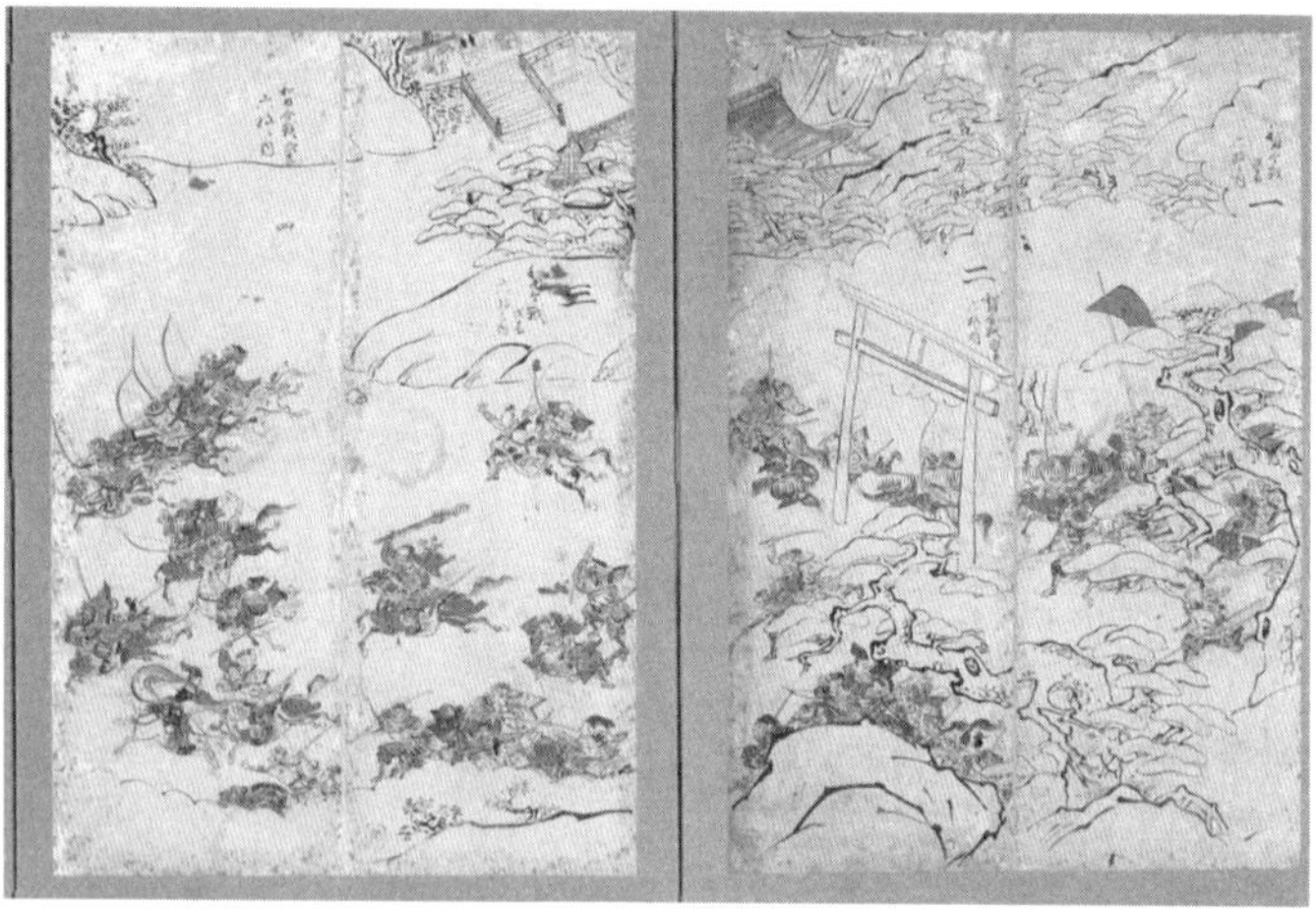

図11　『和田合戦図屏風』左隻模写本（山内多門作、都城市立美術館寄託）

という話や、義盛が年来帰依《きえ》していた伊勢国出身の僧を追い出したのは伊勢神宮に祈禱を捧げるためであると噂された話などが『吾妻鏡』に記されている。和田合戦が起きたことを前提に取り上げられている記事であり、真偽の程はわからない。そうしたなかで注目されるのは、和田義盛の孫朝盛の出家をめぐる記事である。実朝の側近であった朝盛は、実朝に対して恨みを懐く一族との間に挟まれて発心し、出家を決めた。出家した後、一族のもとへは戻らず、京都に向けて進発したものの、朝盛の武芸を惜しんだ祖父義盛が義直を派遣して連れ戻したというのである。細かなやりとりには脚色もあろうが、四月段階で朝盛が出家したことは事実だろう。朝盛に出家

を余儀なくさせるような、ある種の険悪さが実朝・義時たちと和田一族との間に生じていたことは否定できない。

四月二十七日、実朝から義盛のもとに使者が派遣され、合戦準備の実否が尋ねられた。義盛は、決して謀反の企てではないと泣きながら答えた。いっぽうで北条義時は、実朝御所に参上し、義盛の謀反が発覚したことを理由に、鎌倉にいる御家人を御所に集めた。夜になってふたたび実朝の使者が義盛のもとに派遣された。義盛は使者に対して、実朝に対する恨みはまったくないこと、義時の傍若無人の所為を尋ね問うために発向しようとする若者たちを何度も諌めたが、聞き入れなかったので、義盛も彼らに同心したと答えた。この日の記事には天候記載があるから、事件の実検記などの記録にもとづく記述であると思われる。この義盛の言のとおり、一族の若者たちを抑えることができずに、かえって彼らの旗頭に擁立されてしまったというのが事実に近いのだろう。

五月二日、ついに義盛は挙兵した。和田合戦と呼ばれる、鎌倉を舞台とした最大の内乱事件の勃発である。『吾妻鏡』が事件の推移を詳細に記すが、鎌倉に適切な事件の史料がなかったからか、『吾妻鏡』の記事の主要部分は、藤原定家の『明月記』に依拠している。定家の情報源は、幕府と密接なつながりをもつ藤原能保の子信能《のぶよし》である。合戦の七日後に京都の信能のもとにもたらされた生の情報であり、一部に誤報が混じっているものの、信憑性はかなり高い。その記事にもとづいて、事件の推移をたどっておこう。

春に謀反の噂や落書があり（泉親平謀反事件）、義盛がその張本であったが、義盛自ら申し開きをし、許されていた。義盛宿所に仲間を集め、計らいごとをしているのを近くに住む者が聞き、使者を広元のもとに遣わした。広元は客と酒を飲んでいたが、これを聞くと座を起ち、実朝のもとに走った。広元と実朝は一緒に頼朝の墓所堂に逃げ入った。この間に、三浦義村が義盛の出兵を政子や実朝室に告げて、彼女たちを逃がした。義盛の兵は広元亭を囲み火を放った。二日の夕から四日の朝まで合戦は続いた。義盛らは兵尽き矢尽きながらもよく戦い、隣国から駆けつけた千葉一族を北に追い払った。しかし三浦義村に背後を塞がれて、大敗をきっし、兵はちりぢりになって、五〇〇騎ばかりが船六艘で安房の方に逃れたという。

この記事で注目されるのは、和田義盛が最初に襲ったのが大江広元亭であったことだろう。広元は実朝の幕府を支える要であった。『吾妻鏡』によると、次に襲ったのが実朝御所と北条義時亭である。義盛軍の狙いが、実朝・義時・広元によって構成されていた幕府の刷新にあったことは明らかだろう。四月二十七日に、義盛は実朝に恨みはないと述べていたが、結果として実朝御所も襲っている。義盛の本意ではなかったとしても、一族の若者たちは、将軍の交替をも狙っていたのだろう。『愚管抄』や『武家年代記』裏書は頼家の子を擁立しようとしたと記している。

京都の貴族や高僧たちは、和田義盛を三浦一族の長と認識していた。『愚管抄』は義盛を「三浦ノ長者」と表現し、『一代要記』は事件を「三浦党の謀反」と記している。貴族社会では一門構成員中の最高位者が「長者」に就いたから、その見方では義盛が「長者」となるが、家督の地位の嫡流継承を志向する武家社会では、義盛が三浦一族の長というわけではなかった。三浦一族の嫡流である三浦義村・胤義兄弟は、最終的にはこの謀反に加担せず、有力な佐原系の一族も関わらなかった。三浦一族のなかで、この謀反に与《くみ》したのは、和田一族と、岡崎義実の孫実忠《さねただ》や義実の実子土屋義清《つちやよしきよ》、大多和氏など、ごく一部にとどまった。

義盛の挙兵は、姻族である横山党との謀議の上で決行されたが、『吾妻鏡』五月六日条の「建暦三年五月二日三日の合戦に討たるる人々の日記」という名簿によれば、相模・安房・上総に勢力をもつ和田氏、武蔵国の横山党のほかにも、相模国の土屋一族、山内一族、渋谷一族、毛利一族、梶原・海老名・波多野など、血縁・地縁で結びついた一七〇人以上の御家人が和田方として討ち死にしている。

三浦義村が義盛の挙兵を政子らに告げたことについて、『明月記』はこのふたりが日頃から仇敵の関係にあったと説明する。これにはいささか誤解も含まれていよう。『吾妻鏡』によれば、義村・胤義兄弟は、義盛の要請に対して起請文《きしょうもん》を書いて内諾していた。ところが、兄弟は相談した上で、義盛との親族関係を重視して、累代の主君に弓を引いたならば、天罰を受けるだろうと思って、考えを変え、義時亭に参入して、義盛の出兵を告げたという。『明月記』では、義村の報告先は政子であったから、この部分の『吾妻鏡』記事は改変されている可能性がある。『吾妻鏡』は、義時と義村との絆、一体性を重視する書きぶりとなっているが、いずれにせよ、義村が同族の和田義盛に加担することはなく、現在の幕府体制維持、北条氏との協調関係を選択したことに間違いはない。

三　実朝暗殺事件と承久の乱

1　実朝暗殺事件の実像

実朝政権下の義時と義村

和田合戦残党の誅伐が続くなかで、実朝は死んだ兵士たちの夢をみることが多かったらしく、和田義盛以下の追善仏事を何度も行った。建保元年（一二一三）十二月三十日には自筆の円覚経を三浦義村に命じて三浦の海底に沈めている。また、実朝は行楽のためにしばしば三浦半島を訪れた。義村ら三浦一族が饗応に当たっている。義村は実朝の御厩別当に就任し、幕府御牧の馬や献上された馬の御家人への配分などを担当した（建保元年九月十二日条）。実朝が諸人の愁訴を聴断したときには、実務官人の善信・二階堂行光・中原仲業とともに奉行役をつとめている（建保四年四月九日条）。建保六年には北条泰時が実朝の侍所別当、二階堂行村・三浦義村・大

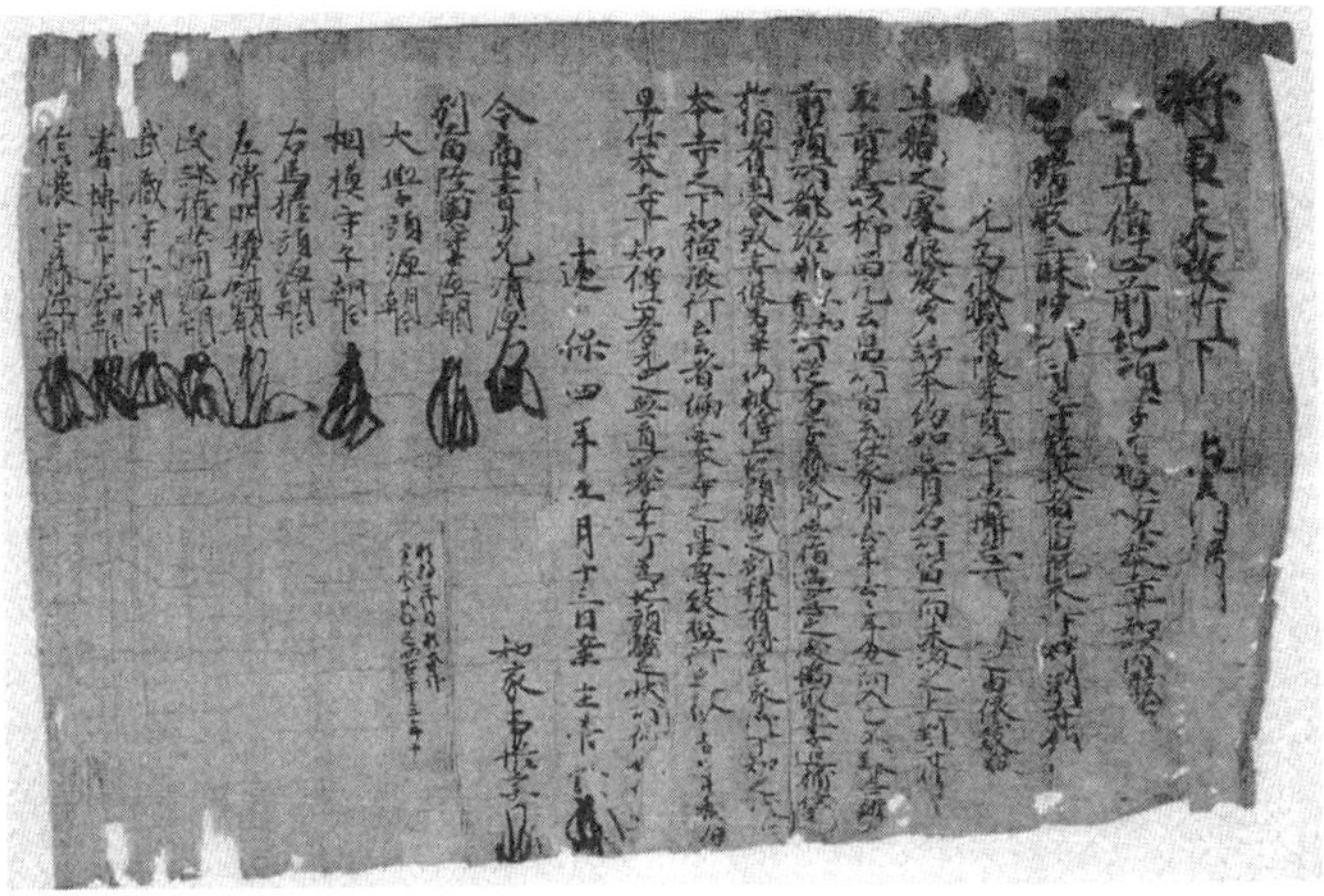

図12　建保4年の「将軍家政所下文」（鰐淵寺文書、東大史料編纂所・鰐淵寺所蔵）

江能範《よしのり》・伊《い》賀《が》光宗《みつむね》が侍所《さむらいどころ》司《し》となっている（七月二十二日条）。いずれも幕府を支える実務官人たちとともに名を連ねているのは、義村の実務能力が高かったからだろう。

　時政失脚後、幕府発給文書は、広元などの奉行人が鎌倉殿（実朝）の仰せを受けて署判・発給する形に戻った（北条氏研究会二〇一九）。実朝が公卿となった承元三年（一二〇九）四月以降は、家政機関としての政所が開設され、政所下文が発給されるようになった。承元四年からは政所別当五名のなかに北条義時・時房が入っている。建保四年からは広元が政所別当に復帰するとともに、政所別当の増員が図られ、九名体制となった。新たに加わったのは、広元のほかに源仲章《なかあきら》・源頼茂《よりもち》・大内惟信《おおうちこれのぶ》である。仲章は実朝の侍読《じどく》をつとめた実務官人だが、頼茂・惟信は頼朝時代から幕府中央の政治に関わってこなかった諸大夫層の源氏一門からの登用である。いずれも京都とのつながりがある人物であり、後鳥羽上皇の影響力を想定する説もある（北条氏研究会　二〇一九）。ただし、頼茂の名は政所下文に記されているものの、彼が花押を据えている文書、あるいは花押があったと推定される案文《あんもん》は現存していない。惟信の花押がある文書もわずかである。幕府の文書行政が北条氏と広元以下の奉行人によって担われたこと自体に大きな変化はなかった。ましてや、文書行政に三浦氏を始めとする侍層の一般御家人が入り込む余地はなかった。

実朝は、右兵衛佐から近衛少将・中将をへて、一八歳で非参議三位になり、建保四年（一二一六）二五歳で権中納言に直任《じきにん》した。この昇進コースは上級貴族である公達《きんだち》層がとるコースであった。ほぼ同世代の藤原良経《よしつね》子息が一三歳や二一歳で権中納言になったのと比べると速度は劣るが、摂政・関白を輩出できなくなった松殿《まつどの》系の藤原基嗣《もとつぐ》の二六歳よりも速い。摂関家に次ぐ家格の清華家《せいがけ》は参議をへるのが通例で、基本的には中納言直任ルートをとらなかったが、藤原（三条）公房《きんふさ》のように一七歳で非参議三位、二二歳で中納言直任という例もある。実朝の時代に、鎌倉殿の家は摂関家庶流あるいは清華家上層並の家格になっていた。

建保元年（一二一三）十二月、北条義時の九歳の子が実朝御所で元服した。加冠役を勤めたのは三浦義村で、義時の子には、政村の名がつけられた。北条氏と三浦氏との絆はますます強化された。

実朝暗殺事件

承久元年（一二一九）正月、右大臣となった実朝は、鶴岡八幡宮で拝賀儀礼を行った。ここで甥の公暁《こうぎょう》（頼家の子）によって実朝が殺害されるという悲劇が起こる。事件を具体的に記しているのは『愚管抄』と『吾妻鏡』である。まずは『愚管抄』にもとづいて事件の経緯を示しておこう。

正月二十八日の実朝の右大臣拝賀は、大納言藤原忠信《ただのぶ》以下五人の公卿が京都から下向して鶴岡八幡宮で行われた。拝賀を行い、夜になって奉幣を終えた実朝は、石段を降り、扈《こ》従《しよう》の公卿が列立している前でお辞儀し、束帯の下襲《したがさね》の裾《きよ》を引いて、笏《しやく》を持って進んだ。そこに覆面をした法師が突然襲いかかり、裾を踏みつけて動けないようにし、首を一太刀で打ち落とした。続いて同じような装束を着た者が三・四人出てきて、供の者を追い散らし、前駆《ぜんく》をつとめていた源仲章を義時と間違えて斬り殺し、男たちは姿を消した。供奉の人々も蜘蛛の子を散らすように逃げた。実朝を殺した法師が「親の敵はこのように討ったぞ」

と言ったのを公卿たちもはっきりと聞いた。鳥居の外にいた数万の武士たちは、境内のこの出来事にまったく気づかなかったという。

これが八幡宮境内で起きた事件である。慈円はこの場で事件を目撃した公卿五人のうちの誰か（おそらくは平光盛《みつもり》）から聞き、公暁が発した言葉までを詳細に記した。仲章が義時と間違えられたことについては、義時が太刀をもって実朝の傍らに供奉していたのであるが、実朝が中門で留まるようにと命じたために、八幡宮境内にはいなかったと記している。『愚管抄』の証言者は、事件後に見聞したその後の話も語っている。

八幡宮から姿を消した公暁は、鎌倉殿の「一ノ郎等」と思われる三浦義村の許に使いを送り、「私はこのように実朝を討った。今となっては私こそが大将軍だ。そちらに行こう」と伝えた。義村はこのことを北条義時に報告した。公暁はただ一人で実朝の首をもち、大雪が積もった山を越えて義村宅に向かった。義村は家に通じる道に討手を遣わした。公暁は討手を切り散らして逃げ、義村宅の塀の羽目板のところまで来て、羽目板を乗り越えようとしたところを討ち取られた。

これは、鎌倉に下向した公卿たちが直接みた出来事ではないが、事件直後の幕府関係者との交流のなかで得た情報だったのだろう。公暁の行動が、単なる敵討ちだけにとどまらず、実朝とそれを支える北条義時を討つことで、自身が鎌倉殿の地位に就き、義村以下の御家人に支えられる体制をつくる野望をもっていたことがわかる。しかし、その点に関しては計画性があったわけではなく、最初に義村亭に向かおうとしたのも、義村が鎌倉殿の「一ノ郎等トオボシキ」という推量にもとづく理由に過ぎなかった。

いっぽう、『吾妻鏡』の二十七日条は、八幡宮境内での出来事を次のように記す。

晴れてはいたが、雪が二尺あまり積もるなか、鶴岡八幡宮で実朝の右大臣拝賀が行われた。実朝が八幡宮の楼門にお入りになろうとしたとき、義時は急に心身違例となり、御太刀を源仲章に譲って退去した。鶴岡の神宮寺で装束を脱いだ後、小町の邸宅に帰った。夜遅く神拝《じんぱい》のことが終わって、ようやく実朝が退出なさるとき、鶴岡別当の公暁が石段のところで隙を窺い、太刀で実朝を襲った。その後、随兵たちが宮中に入ってきたが、もう敵はいなくなっていた。公暁が「父の敵を討った」と名乗りを上げていたと、ある人が話していた。

八幡宮の石段の近くで襲われたこと、公暁が「父の敵を討った」と声を上げたことは『愚管抄』と異同がない。もっとも大きな違いは義時の行動である。『吾妻鏡』は後日この話をさらに展開させる。十一日後の二月八日条で、義時が右大臣拝賀に供奉している戌《いぬ》の刻に夢のような状態となって白い犬が傍らにみえた後、心神違乱状態に陥ったので、御太刀を仲章に譲り、伊賀四郎のみを連れて退出したところ、公暁は義時がこの役をつとめているると思い込んでいたために仲章が殺された。そのとき、大倉薬師堂の戌神像は堂内にいなかったと記す。これは、義時創建の大倉薬師堂十二神将の霊験譚である。正月二十七日条も、霊験譚にもとづく脚色が施されているといわざるを得ない（高橋秀樹　二〇一六）。

公暁逃亡後についての『吾妻鏡』の記事のうち、公暁が使者を三浦義村に送り、自分こそが幕府の長であると宣言して、義村と事後について相談したいと伝えていること、義村がそれを義時に報告したこと、義村が討手を遣わして義村宅に向かう途中の公暁を討ったことは『愚管抄』に類似している。『愚管抄』『吾妻鏡』ともに、当事者の義村しか知り得ない情報が記されているから、義村の証言が事件直後から関係者の間で共有されていたことを示す。『吾妻鏡』独自記事は、公暁がいったん雪の下北谷の備中阿闍梨《あじゃり》宅に身を寄せていたこと、義村息男駒若丸が公暁の門弟に列していた好《よしみ》が、義村を頼った理由として挙げられている点、義村が公暁の首を義時亭に持参したときの話程度である。

暗殺に黒幕はいたのか

この実朝暗殺について、公暁が実朝を手にかけたことは疑いないが、その背後に誰がいるのか、あるいはいないのかをめぐって、北条義時黒幕説、三浦義村黒幕説、両者共謀説、公暁単独犯行説などがある。

①北条義時黒幕説　安田元久などが説く通説的な見解。『吾妻鏡』に記された北条義時の行動は事前にこの暗殺を知っていたからとし、事件の計画性からも黒幕としてもっとも疑われるのは義時であるとする（安田元久　一九六一）。

②三浦義村黒幕説　作家永井路子が提起した説で、これを石井進が高く評価したことで広まり、大山喬平などの支持もあって、一九八〇年代までには有力な説となった。義時と間違われた源仲章が一緒に殺されていることから、義時が黒幕ではない。三浦義村が実朝・義時を暗殺させ、公暁を将軍に立て、自ら幕府の実権を握る計画だったが、義時が逃げて計画が崩れたことで、義村は公暁を裏切って一身の安全を図ったとする。子息駒王丸が公暁の門弟であったこと、義村が公暁の「乳母の夫」であったことに公暁と義村とのつながりを求める（石井進　一九六五、大山喬平　一九七四）。最新の北条義時の伝記は、真相は今もってわからないとしつつも、義村黒幕説をとっている（岡田清一　二〇一九）。

③御家人共謀説　衰弱した王に代えて新たな王を迎えることで集団の活性化を図る「王

殺し」を念頭に置き、実朝暗殺に北条氏と三浦氏との協力関係、東国の大名勢力の意志が込められていることを読み取る説（五味文彦　一九八八・二〇一五）。

④公暁単独犯行説　黒幕説を排除し、公暁の単独行動とみる。最近の論者に多い説である（山本幸司　二〇〇一、坂井孝一　二〇一四、高橋秀樹　二〇一六）。

それぞれの説の根拠となる史料の性格、その原史料までを考えることで、その当否を検討しよう。

まず、義時黒幕説は『吾妻鏡』に記された義時の行動を重視しているが、この話が大倉薬師堂の霊験譚によって脚色されていることは先に述べたとおりである。『吾妻鏡』よりも原史料の質が高い『愚管抄』にも義時暗殺が謀られたことが記されているから、義時黒幕説は成り立たない。

三浦義村黒幕説は、北条氏と三浦氏とは対立関係にあるものという思い込みが前提となっている。承久元年に至るまで、北条義時と三浦義村との間に対立関係がなかったことはこれまでにみてきたとおりである。そこで、義村と公暁との間に深いつながりがあったかどうかについて検討しておく必要があろう。義村の息光村《みつむら》は元久二年（一二〇五）生まれ、一四歳の建保六年（一二一八）には鶴岡八幡宮の児童（稚児）であったことが『吾妻鏡』

料金受取人払郵便

本郷局承認

5197

差出有効期間
2024年1月
31日まで

郵便はがき

113-8790

東京都文京区本郷7丁目2番8号

吉川弘文館 行

愛読者カード

本書をお買い上げいただきまして、まことにありがとうございました。このハガキを、小社へのご意見またはご注文にご利用下さい。

お買上書名

＊本書に関するご感想、ご批判をお聞かせ下さい。

＊出版を希望するテーマ・執筆者名をお聞かせ下さい。

お買上書店名　　区市町　　書店

◆新刊情報はホームページで　http://www.yoshikawa-k.co.jp/

◆ご注文、ご意見については　E-mail:sales@yoshikawa-k.co.jp

ふりがな ご氏名	年齢　　歳	男・女
〒 □□□-□□□□ ご住所	電話	
ご職業	所属学会等	
ご購読 新聞名	ご購読 雑誌名	

注　文　書

月　　日

書　　名	定　価	部　数
	円	部
	円	部
	円	部
	円	部
	円	部

配本は、○印を付けた方法にして下さい。

イ. 下記書店へ配本して下さい。
(直接書店にお渡し下さい)

―(書店・取次帖合印)―

書店様へ=書店帖合印を捺印下さい。

ロ. 直接送本して下さい。
代金(書籍代+送料・代引手数料)は、お届けの際に現品と引換えにお支払下さい。送料・代引手数料は、1回のお届けごとに500円です(いずれも税込)。

＊お急ぎのご注文には電話、FAXをご利用ください。
電話 03−3813−9151(代)
FAX 03−3812−3544

（ご注意）

・この用紙は、機械で処理しますので、金額を記入する際は、枠内にはっきりと記入してください。また、本票を汚したり、折り曲げたりしないでください。

・この用紙は、ゆうちょ銀行又は郵便局の払込機能付きＡＴＭでもご利用いただけます。

・この払込書を、ゆうちょ銀行又は郵便局の渉外員にお預けになるときは、引換えに預り証を必ずお受け取りください。

・ご依頼人様からご提出いただきました払込書に記載されたおところ、おなまえ等は、加入者様に通知されます。

・この受領証は、払込みの証拠となるものですから大切に保管してください。

収入印紙
課税相当額以上
貼　　　付

印

この用紙で「本郷」年間購読のお申し込みができます。

◆この申込票に必要事項をご記入の上、記載金額を添えて郵便局でお払込み下さい。

◆「本郷」のご送金は、４年分までとさせて頂きます。

※お客様のご都合で解約される場合は、ご返金いたしかねます。ご了承下さい。

この用紙で書籍のご注文ができます。

◆この申込票の通信欄にご注文の書籍をご記入の上、書籍代金（本体価格＋消費税）に荷造送料を加えた金額をお払込み下さい。

◆荷造送料は、ご注文１回の配送につき500円です。

◆キャンセルやご入金が重複した際のご返金は、送料・手数料を差し引かせて頂く場合があります。

◆入金確認まで約７日かかります。ご了承下さい。

※領収証は改めてお送りいたしませんので、予めご了承下さい。

お問い合わせ　〒113-0033・東京都文京区本郷７―２―８
吉川弘文館　営業部
電話03-3813-9151　FAX03-3812-3544

この場所には、何も記載しないでください。

払込取扱票

02 東京

通常払込料金加入者負担

口座記号番号	金額
00100-5-244	千 百 十 万 千 百 十 円 ※

加入者名	料金	備考
株式会社 吉川弘文館		

各票の※印欄は、ご依頼人において記載してください。

ご依頼人・通信欄

フリガナ ※お名前			
郵便番号		電話	
※ご住所			

※

〈この用紙で書籍代金ご入金のお客様へ〉
代金引換便、ネット通販ご購入後のご入金の重複が増えておりますので、ご注意ください。

◆「本郷」購読を希望します

購読開始　　号 より

1年 1000円（6冊）　3年 2800円（18冊）
2年 2000円（12冊）　4年 3600円（24冊）
（ご希望の購読期間に○印をお付け下さい）

日附印

裏面の注意事項をお読みください。（ゆうちょ銀行）（承認番号東第53889号）

これより下部には何も記入しないでください。

切り取らないでお出しください。

記載事項を訂正した場合は、その箇所に訂正印を押してください。

振替払込請求書兼受領証

口座記号番号	00100-5-244	通常払込料金加入者負担
加入者名	株式会社 吉川弘文館	
金額	千 百 十 万 千 百 十 円 ※	
ご依頼人	おなまえ ※　　様	
料金		日附印
備考		

この受領証は、大切に保管してください。

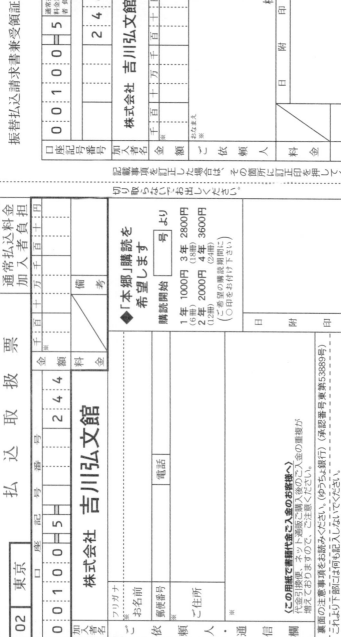

の記事から確認できる。その時の別当は公暁であるから、公暁と駒若丸（のちの光村）が師弟関係にあったことにも矛盾はない。義村を公暁の「乳母夫」（乳母の夫ではなく、男性の養育責任者を指す）であったとする史料は『吾妻鏡』建永元年（一二〇六）十月二十日条で、頼家の若君（善哉公《ぜんやぎみ》）が政子の仰せで実朝の養子となり、初めて御所にやって来た。「御乳母夫」三浦義村が御賜物を献じたという記事である。御賜物とは、実朝から善哉に贈られる品で、子どもへは手本などが贈られるのが一般的であった。こうした記事は公家日記にも散見するが、そのさいに、子ども側の関係者が「御賜物」を用意する記事をみたことがない。常識的に考えても「御賜物」を用意するのは与える者の側である。そう考えると、「御賜物」を献じた義村は実朝側の人物、すなわち「御乳母夫」とは、実朝の養育責任者を指すと解釈すべきだろう。義村を実朝の「乳母夫」と考えれば、これまでの実朝をめぐる政子と義村の行動がよく理解できる。また乳母夫である義村が実朝暗殺を謀るわけがないことも自明となろう。したがって、誤解や史料の誤読を前提としている義村黒幕説も成り立たない。

三つ目の御家人共謀説は、義時陰謀説・義村陰謀説を踏まえた総体的な考え方であって、具体的な史料的根拠があるわけではないから、検討するまでもなかろう。やはり、公暁単独犯行説がもっとも可能性が高い。政子や御家人たちから事後承認が得られる思った公暁の浅はかな行動としか考えられない。出家者が還俗して、官位を得た先例がほとんどないにもかかわらず、和田合戦の後に頼家遺児の僧栄実《えいじつ》を擁立しようとした動きなどに刺激された末の犯行である。

2　承久の乱と東国武士団

実朝の後継者問題

実朝暗殺の一年前、建保六年（一二一九）春に政子が上洛した。出家の身ながら、平清盛妻平時子の先例により、従三位、更に従二位の位を得て、鎌倉に戻った。「政子」の名が便宜的につけられたのはこの叙位に際してのことである（高橋秀樹　二〇〇四）。本来は熊野詣が目的であったが、京都では後鳥羽上皇や実力者卿二位《きょうにい》（後鳥羽上皇の女房藤原兼子）との面談も行われた。『愚管抄』によれば、その際、子のいない実朝の後継者に皇子を迎えるべきだと卿二位が語ったという。

実朝の死をうけて、政子は卿二位に使いを送り、御家人たちは主人を失って困っているので、後鳥羽上皇の皇子のなかで適切な方に御下向願って、その方に将軍になっていただきたいと伝えた。卿二位は養女である藤原信清《のぶきよ》の娘と後鳥羽上皇との間に生まれた皇子（頼仁《よりひと》）を候補者としたが、それを聞いた上皇が「将来日本国を二つに分けるようなことをしてはならない」と反対したので、政子への返事には「臣下であれば、関白・摂政の子でも、申請どおりにしましょう」という言葉が記された。朝廷の意向を受けた幕府では、三浦義村が左大臣殿（藤原道家《みちいえ》）の子、三位中将教実《のりざね》を提案した。道家の子息は頼朝の妹の孫に当たるから縁があるというのが理由であった。ただ、朝廷側には「左大臣の若君ならいずれでも」と申し入れることになった。その結果選ばれたのが、二歳の三寅《みとら》であった（『愚管抄』）。

実朝の死後の幕府の体制は、『愚管抄』が「母堂の二位尼が総領して、引き続き弟の義時が処理をすることに決まった」と記しているとおり、政子・義時が主導する政治体制となり、幕府発給文書も北条義時が単独で署判する関東下知状が用いられるようになった（北条氏研究会 二〇一九）。そのいっぽうで、幕府における実朝後継者選びが、北条義時ではなく、北条政子・三浦義村のラインで主導されている点は注目されよう。

義村が理由に挙げた頼朝との縁が実朝後継者の第一条件ではない。第一条件は摂関家の子弟である。頼朝との縁はあっても、藤原（一条）能保の子孫や藤原（西園寺）公経の子弟は候補となり得なかった。前節でみたとおり、実朝の昇進コースと速度は、清華家の西園寺家を上回っており、鎌倉殿の家の格を落とさないようにするためには、摂関家子弟か皇子しか選択肢がなかったのである。後鳥羽上皇の提案も、義村が道家の子を推薦したのも、それを踏まえてのことだろう。

三寅は関東下向の途につき、承久元年七月十九日の昼に鎌倉に到着し、大倉の北条義時亭に入った。その日の夕方には政所始が行われている。「若君御幼稚」という理由で、北条政子の垂簾聴政《すいれんちょうせい》が行われることとなった。十一月には政子が居所としていた旧実朝御所が焼け、政子は三寅の邸宅に同居した。翌年の十二月一日には三寅の着袴の儀が大倉亭の寝殿南面で行われた。北条泰時・足利義氏・三浦義村・小山朝政・千葉成胤《なりたね》以下が小侍《こさむらい》に祗候し、京都から下っていた殿上人の藤原（一条）実雅《さねまさ》と北条義時・同時房が寝殿の東広庇に控えた。本来父親がつとめる腰紐を結ぶ役は義時がつとめ、政子が三寅を介助した。兵具を献じる役は、泰時・義氏・義村・朝政・小山宗政であった。この儀式には三寅を支える主要な顔ぶれとその役割が如実に示されている。

三浦義村は承久元年十一月に駿河守に任官している（『関東評定伝《かんとうひょうじょうでん》』）。これまで受領となった御家人は、諸大夫層に属する源氏一門と京下りの官人を除けば、北条時政・同義時・同時房・泰時の北条氏四人と、頼朝の養子で源氏一門に準じる八田知家のみであった。頼朝時代から実朝時代に至るまで、幕府においては侍受領が禁じられていたことを考えれば、義村の駿河守任官は特別な待遇であった。義村の前任者は北条時房・北条泰時、後任者は北条重時であるから、義村の任駿河守は、北条氏が持っていた枠を譲られての任官だったことがわかる。北条氏が鎌倉殿の外戚として源氏一門に準じて受領となったように、義村は北条氏の外戚の立場で、北条氏に準じる形で受領となったのであろう。ただし、この段階で義村が諸大夫層に準じていたとはいいがたいから、幕府における侍受領の初例とみた方がいいだろう。建仁二年（一二〇二）に義村の娘と北条泰時は結婚し、翌年嫡子時氏が産まれていた。時氏誕生から程なくして、義村の娘と泰時は離婚したとみられるが、それでも北条氏と三浦氏との関係に大きな変化はなかった。泰時嫡子の外祖父という立場で、義村は駿河守になったのである。北条氏と三浦氏との協調関係なしに、義村の身分上昇は実現しなかった。

三寅が鎌倉に下向し、近い将来鎌倉将軍になることは、摂関家周辺からも好意的に受け止められた。三寅の曾祖父の弟に当たる慈円《じえん》は、「摂政・関白の家と武士の家とをひとつにし、文武兼行して世のなかを守り、天皇を助けていくことになるのだろう」と述べている摂関家に次ぐ家格をもつ鎌倉殿を頂点とする幕府とが一体となって、天皇を支える政治体制が理想であった。もちろん朝廷側からすれば、主導権は朝廷側になければならない。

後鳥羽上皇が、ただちに征夷大将軍に任官できない幼い三寅を鎌倉に下向させたことについて、上皇の幕府に対する非協力の姿勢とみる見解がある（田辺旬　二〇二〇）。しかし、すでに非参議三位となっている一〇歳の教実は道家後継者としての途を歩み始めているから、彼を鎌倉に下向させるわけにはいかない。二男（のちの良実《よしざね》）にしたところで、まだ四歳である。摂関家の道家子息のなかから選んで欲しいという幕府側の要求があった以上、幼い子を選んだことが非協力的だったとはいえないだろう。摂関家に次ぐ家格となっていた鎌倉殿の家を維持・発展させることを考えると、摂関家の嫡妻子である三寅の下向を許可したことは、むしろ幕府に対して協力的だったとみなくてはいけない。

後白河法皇と源頼朝の時代から、朝廷が幕府に求めていたものは、朝廷の求めに応じて治安を維持し、費用の調進を請け負ってくれる、都合のいい存在としての幕府だった。院が地頭の停廃を要求しても、それを聞き入れてくれなければ、朝廷主導とはいいがたい。頼朝時代には、ほとんどの場合、地頭停廃要求は聞き入れられていた。

ところが、後鳥羽上皇が寵愛する舞女亀菊《かめぎく》に与えた摂津国長江《ながえ》荘の地頭停止を義時に要求したところ、義時自身が地頭だったことから、これを拒んだ。慈光寺本『承久記』は、このことが承久の乱のきっかけだったと記している。古活字本『承久記』は義時が地頭だったとは記していないが、亀菊に与えた摂津国長江・倉橋《くらはし》荘（大阪府豊中市）の地頭停止を義時が拒んだことを理由としている点は同じである。三寅の下向で、摂関家と幕府が一体となって、異論を唱えることなく朝廷を支えてくれることを望んでいたが、この一件によって、後鳥羽上皇は幕府が自身の思いどおりにならない存在になっていることを再認識し、後鳥羽上皇の意のままに、警固と経済的支援という役割を果たしてくれるには、義時の存在が障害となっていると感じたのだろう。

後鳥羽上皇がそれまでの北面に加えて、一三世紀初めに西面の武士を置いて、軍事力を整えてきたとする説がある（『国史大辞典』）。しかし、北面や西面は本来御所のプライベート空間を指す語で、そこへの祗候が許されるという特別な待遇を与えられた者が「北面の輩」あるいは「北面」と呼ばれた（秋山喜代子　二〇〇三）。「後白河院北面歴名」には、武士のみならず、僧侶・神職・芸能者・寵童など、昇殿を許される貴族層よりも身分の低い、多様な職能の人々が含まれている。北面が拡大されて成立した西面も同様で、検非違使や衛府尉が多いのは確かだが、設置自体が軍事力強化を目的とするものではないのである。したがって、西面の成立をもって、軍事力強化の姿勢のあらわれと捉えることはできない。

承久の乱

慈光寺本『承久記』によると、後鳥羽上皇が北条義時追討を諮った公卿会議には、藤原基通《もとみち》（すでに出家している近衛流摂関家の家長）・左大臣藤原道家（九条流摂関家の家長）・前右大臣藤原公継《きんつぐ》・権大納言藤原忠信・前権中納言藤原光親《みつちか》・同源有雅《ありまさ》・同藤原宗行《むねゆき》・参議藤原範茂《のりしげ》・同藤原信能と僧長厳《ちょうげん》・尊長《そんちょう》が呼ばれた。このうち、道家は鎌倉殿三寅の父、忠信は源実朝御台所《みだいどころ》の兄、信能は頼朝時代に幕府と朝廷とをつないでいた能保の息、尊長はその弟である。後鳥羽上皇側近を中心とする顔ぶれではあるが、幕府と縁のある者が意外と多い。いっぽう、公卿のなかでも、北条時政の娘を妻とする中納言藤原実宣《さねのぶ》・参議藤原国通《くにみち》は入っていない。鎌倉殿三寅の父道家が入っていることからも、幕府そのものの存在を否定するための挙兵ではないことがわかる。狙いは義時を排除することにあったと考えていい。

卿二位の後押しもあって、義時追討を決めた後鳥羽上皇は、検非違使《けびいし》から受領を歴任し、上総介を経歴していて東国についての知識もある近臣藤原秀康を御所に呼び、義時追討の計略を尋ねた。秀康は、「三浦義村の弟の胤義が、検非違使として在京しているので、胤義に相談すれば義時を討つことは容易《たやす》いでしょう」と申し上げた。秀康は自身の宿所に胤義を招いて酒盛りし、後鳥羽上皇にしたがうことを胤義に勧めた。胤義は「先祖伝来の三浦・鎌倉を捨てて上洛し、院に仕えることは心のなかにあったことです。なぜかといえば、胤義の妻は誰だとお思いか。法橋昌寛《しょうかん》の娘です。故左衛門督殿（源頼家）の御台所となり、若君一人を生みました。督殿は時政に殺され、若君はその子義時に殺されてしまいました。胤義の妻となってからも、日夜泣き暮らしているのを見て哀れに思っています。都に上って院に召されて、謀反を起こして鎌倉に向かって一矢を報いることができれば、夫婦の心が慰められるだろうと思っていたところ、このような院の仰せを受けたのは面目だと思います。兄義村に手紙を出したならば、義時を討つことは簡単でしょう。義村に手紙を送り、義村が胤義の子三人を殺して異心なきことを義時に誓い、幕府軍が上洛した後、鎌倉に残った義村ら三浦勢で義時を討つように勧めます。急ぎ軍議をしてください」と答えた（慈光寺本『承久記』）。

古活字本『承久記』は胤義上洛の理由を京都大番役のためとしているが、承久二年十一月には胤義が検非違使に任官していたことが明らかである（『民経記』紙背文書）。承久の

図13　『承久記絵巻』義時に胤義書状を差し出す義村（龍光院所蔵）

乱の半年前には、検非違使の官職を持つ在京御家人として京都の治安維持に当たっていた。検非違使の官を有する在京御家人には、ほかにも大内惟信・後藤基清《ごとうもときよ》・糟屋有長《かすやありなが》・佐々木高重《ささきたかしげ》らがいた。そのなかにあって、胤義がまず引き入れられたのは、最大規模の御家人である三浦氏の力が期待されたからだろう。

後鳥羽上皇側は、承久三年四月二十八日の城南宮仏事の警固を名目に、在京御家人や三河国以西の武士を召した。在京御家人のなかには東国武士がいるものの、この時点では東国の武士団そのものに動員はかけられていない。

五月十五日、在京する伊賀《いが》光季《みつすえ》（義時室の兄弟）が胤義らによって討たれ、関東に内通しているとの疑いで右大将藤原（西園寺）公経《きんつね》・中納言実氏《さねうじ》父子が拘禁された。この日、光季の下人、胤義の使者、後鳥羽上皇の使者が鎌倉に向けて出発した。後鳥羽上皇の義時追討の命令が下された対象として慈光寺本『承久記』が記載しているのは、武田・小笠原・小山・宇都宮・中間《なかま》（未詳）・足利氏と三浦義村、さらに北条時房である。時房の名がみえることは、後鳥羽上皇の挙兵の目的が、幕府打倒や北条氏打倒でもなく、義時一人の排除にあったことを物語っていよう。ただし、古活字本『承久記』には時房や足利義氏・中間五郎の名はみえず、千葉・葛西《かさい》が加わっている。

十九日、使者は次々と鎌倉に到着した。義村は弟の使者を追い返し、書状を義時に差し出した。『吾妻鏡』によれば、政子の御所に時房・泰時・広元・義氏以下の御家人が集まり、安達景盛を通じて政子の意向が示された。古活字本『承久記』では義時・義村の二人を前にして政子が思いを述べている。頼朝・実朝の恩を説き、御家人の団結を求める政子の言葉によって、後鳥羽上皇の北条義時追討は、京方対鎌倉方の戦いと認識された。

義時亭における評議と政子の決断によって、北条時房・同泰時・足利義氏・三浦義村以下の東海道軍、武田・小笠原などの東山道軍、北条朝時《ともとき》以下の北陸道軍、計一九万騎の大軍派遣が決まり、二十二日に進発した。

朝廷側も関東軍を迎え討つために、諸将を美濃国（岐阜県）の要衝に遣わし、京都の入り口に当たる宇治（京都府）・勢多《せた》（滋賀県大津市）を固めた。六月五日の摩免戸《まめど》（岐阜県各務原市）の戦いで、三浦胤義は敗れ帰洛した。幕府東海道軍の軍議では義村の提案によって勢多・宇治・淀への進軍が決した。義村の子泰村は父の麾下《きか》を離れ、泰時軍に加わることとなった。義村が胤義に与《くみ》することはないという保証のために、子息を泰時に委ねたのであろう。北条氏と三浦氏とはあくまでも一体であることが示された。十三日、時房は勢多に、義村は淀に向かった。泰時軍の足利義氏・三浦泰村は宇治橋に向かい、泰時に連絡せずに合戦を始めてしまった。泰時も宇治川での合戦に加わった。泰村らは苦戦しながらも官軍を破り、義村も淀を破った。勢多の合戦で時房軍に敗れた官軍の三浦胤義以下は陣を捨てて再び帰洛した。

秀康・胤義は宇治・勢多での敗北を上皇に奏上し、泰時の陣には勅使が遣わされた（『吾妻鏡』）。しかし、胤義自身は、人の手にかかるよりは、兄に最後の対面をして思うところをいってやりたいと、東寺に引き籠もって、三浦・佐原の一族軍を待ち受けた。兄の旗印をみつけた胤義は、兄に取り合ってもらえなかった悔しさ、義時に味方して一族の和田義盛を失わせたような人を頼ってしまった歎きをぶつけた。それに対して義村は「愚か者とかけ合っても無駄なことだ」と、胤義を相手にすることなく、その場を離れてしまった。

胤義は同族と戦い（カバー画像「承久記絵巻」巻第五―第三段参照）、さらに西山に逃れて、そこで自殺した（慈光寺本『承久記』）。後日、胤義の首は義村の手から差し出された。体制を守ることを本義とし、それを壊そうとする者は、弟であっても容赦しないのが義村であった。

承久の乱の戦後処理

承久三年六月十五日、入京して六条河原に陣した数万の幕府軍に後鳥羽上皇の使者が派遣された。それを北条泰時・三浦義村・千葉常秀・佐竹義茂が下馬して迎えた。上皇からの申し入れは、義時追討の宣旨は間違いなく取り消すつもりであること、幕府軍が都で狼藉をしてはならないこと、大事も小事も幕府軍からの申請どおりに後鳥羽上皇が聖断を下すつもりであることの三ヵ条であった。泰時らはこれを承諾した上で、諸人の内裏参入を停止するように申し入れた。そして内裏や院御所の在所を知る必要があるとの理由をつけて武士を内裏や御所に遣わして監視下に置いた。そのなかでも三浦義村は、特別に宮中を警固するように幕府の命を受けていると称して、近衛府の官人を遣わした（『承久三年四年日次記《ひなみき》』）。

翌十六日、北条時房・泰時は六波羅《ろくはら》館に入った。二人の役割について『吾妻鏡』は、義時の「爪牙耳目《そうがじぼく》のごとくに、治国の要計を廻らし、武家の安全を求む」、すなわち執権義

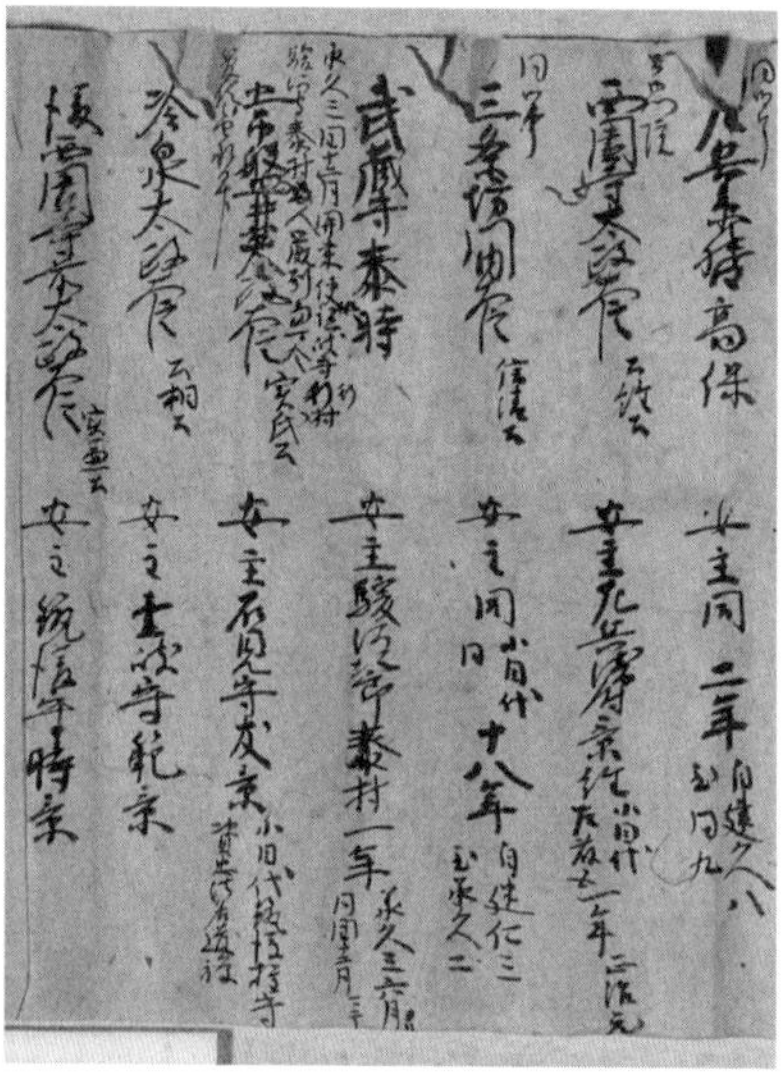

図14 「御厩別当次第」(学習院大学史料館寄託、個人蔵)

時の手足、耳や目となって、西国を治め、幕府の安全を確保するように動くことになったと記している。以後、六波羅には幕府の代表者が原則二名常駐することとなった。一般的にはこれをもって、六波羅探題の成立とみなしている。

合戦の勲功についての争いは時房・泰時の目の前で対決が行われたが、最終的な勲功は鎌倉に合戦注文というリストを注進した上で決せられた。

公卿の処分以下、京都の治安維持についても、泰時から鎌倉に問い合わせている。鎌倉では、大江広元・善信が源平争乱後の先例をもとに箇条書きの書類を作成し、それをもたせる使者には義時から詳細が口頭伝達された。京都では、幕府からの指示をもとに、時房・泰時・義村らが評議し、それを実施した。実施については泰時らの判断が入り込む余地はあり、洛中で斬罪せよとの幕府の命に対して、泰時の判断で刑場を洛外に移している。

京方についた御家人については幕府独自の処分が可能であったが、公卿らの処分に関しては、朝廷に申請し、朝廷の命を受けて実行するという形をとった。

幕府軍が京都を占領した六月のうちに、平清盛以来、源義仲・同義経・同頼朝など、京都を軍事的に掌握した者が就いてきた院の御厩《みまや》別当に北条泰時が、別当を補佐する案主《あんず》に三浦泰村が就任した（「西園寺家文書」）。北条氏と三浦氏のペアで重要な地位に就いているのである。義村ではなく、子息泰村が就任したのは泰時との年齢関係を考慮したからであろう。この院の御厩には、河内国会賀《あいが》・福地《ふくち》両御牧が付属しており、治天《ちてん》の君を通じて貴族社会に供給される馬の飼育・管理を担っていた。三浦氏は幕府においても実朝の御厩別当をつとめたり、幕府直属と考えられる小笠原御牧の管理もつかさどっていたように、高い馬飼の能力を有していた。同年閏十二月に藤原（西園寺）実氏が別当に就任するまでの半年間とはいえ、東国における馬の生産から、京都における馬の供給までの重要な部分を三浦氏が担っていたことになる（高橋秀樹　二〇一六）。

七月八日に後鳥羽上皇は出家し、数日後には隠岐へと移された。順徳上皇は佐渡に、雅《まさ》成《ひら》親王・頼仁親王はそれぞれ但馬国・備中国に配され、土御門上皇も閏十月になってから土佐国へと移された。いったん幕府が押さえた院の所領は、すべて後鳥羽上皇の同母兄である後高倉院に進上された。その交渉役、しかも幕府に必要が生じた場合には返して欲しいという申し入れを三浦義村が行っている。後高倉院もその要求を承諾せざるを得なかった（『武家年代記』裏書）。与同の咎《とが》により、没収された公卿・武士等の所領は三〇〇〇ヵ所におよんだという。

四月二十日に践祚したばかりの天皇は即位式を行わないまま七月九日に廃され、後高倉院の子茂仁《ゆたひと》が新たな天皇（後堀河天皇）となった。『百錬抄』七月九日条は「関東これを申し行う」、すなわち幕府からの申し入れによって実現したと記す。近年、その経緯を示す史料が見出された。賀茂社の神職賀茂経久《かものつねひさ》が記した『賀茂旧記』という記録で、そこには「同七月七日、するが守北白河殿にまいりて、宮せめいだしまいらせて、おがみまいらせて、同九日御くらゐにつかせ給ときこゆ」とあって、三浦義村が茂仁親子の住む北白河殿に行き、通常は接客の場に出てこない一〇歳の茂仁に出座願い、拝み倒して、践祚《せんそ》を承諾してもらったというのである。幕府占領軍にあって、新天皇の擁立、院領荘園をめぐる交渉という最重要事項は北条時房でも泰時でもなく、三浦義村によって担われたのである。宮中警固が幕府の特命であったという『承久三年四年日次記』の記述からすると、こうした朝廷との交渉は政子や義時から義村に託されていたと考えられる。践祚二日前の七月七日に、鎌倉の使者が京都に入り、「重事」（天皇の交替、摂関の交替を指す）があるらしいとのが情報が貴族たちにも伝わっていた（『百錬抄』）。この時に政子・義時から義村に対する指示があったのだろう。義村がこうした役割をつとめられたのは、彼が五位の位階と駿河守という官職を得て、貴族社会のメンバーシップを獲得していたからである。また、貴族社会の故実や礼を弁えていたからだろう。

長い間院政が行われてきたことから、新天皇の父持明院《じみょういん》入道親王（守貞《もりさだ》）が治天の君として治世することになった。後高倉院政の開始である。天皇の位をふまなかった人物が治天の君となる初例であった。摂政も後鳥羽上皇の謀議に加わっていた藤原道家から近衛流の藤原家実《いえざね》へと替わった。

同年十月、逃亡していた藤原秀康らが捕まり、閏十月には土御門上皇の配流も行われて、承久の乱の戦後処理に目途がついた。義村らはこの年のうちに鎌倉に戻ったが、北条時房と泰時は京都に残って、京都の治安維持と西国御家人の統括に当たった。

3　義時の死と伊賀氏の乱

承久の乱後の幕府

年が明けた貞応元年（一二二二）の幕府正月儀礼は、例年よりも大規模に行われている。元日は北条義時が費用負担する椀飯が行われ、三寅が御所の寝殿南面に出御した。摂関家子弟である三寅の身分に合わせて、御簾を掲げる役は、四位の右中将藤原（一条）実雅《さねまさ》（義時の婿）がつとめている。太刀を進める役は、義時の姉妹を母にもつ源氏一門の足利義氏《よしうじ》、弓箭を進める役は三浦義村、行縢《むかばき》・沓《くつ》を進める役は小山朝長《ともなが》がつとめた。二日の費用負担者は足利義氏、三日の費用負担者は大江広元である。この年は七日・八日にも椀飯の記事があり、記事を欠く四〜六日にも椀飯が行われたものと思われる。そのうちの一日は三浦義村の費用負担だったのだろう。

正月十日の雪の朝には義時の狩りに義村以下が扈従し、三寅や実雅が楽しんだ犬追物《いぬおうもの》は、義時・義氏が見物し、審判役を義村がつとめた。また、実雅の室である義時娘の出産にさいしては、義時とその子朝時・重時《しげとき》とともに義村らが駆けつけている。五月二十五日には義時が三浦の海を訪れ、義村が歓待を尽くしている。北条氏と三浦氏は、承久の乱をへて

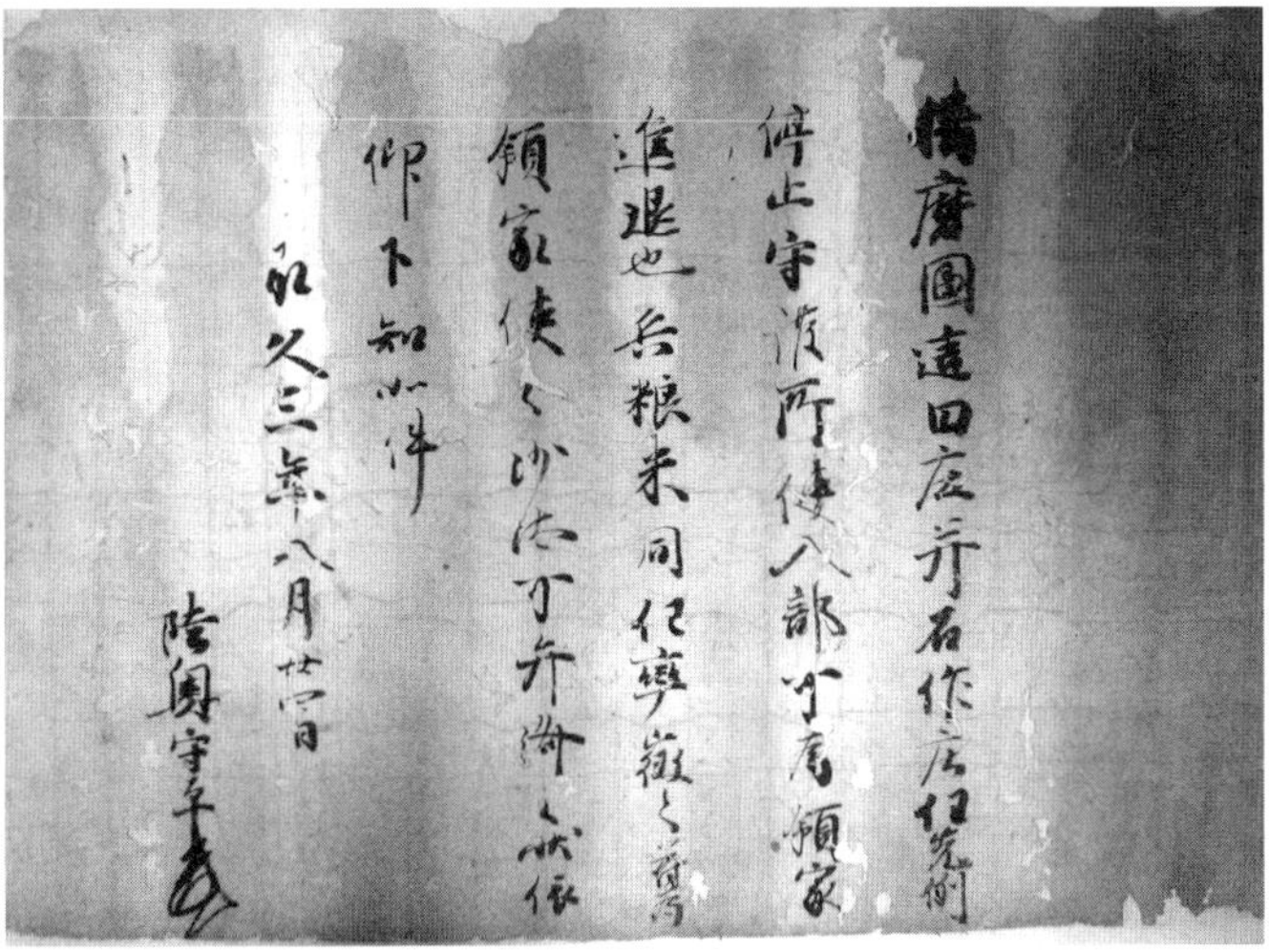

図15　義時単独署判の「関東下知状」（久我家文書、國學院大學所蔵）

も常に一体であった。

『吾妻鏡』には、政子による政治主導の記事も多くみられる。その内容も、藤原（西園寺）公経の内大臣昇進を朝廷に働きかけること、庶民の愁いとなる行為を行った新補の守護・地頭のリストアップを命じていることなどである。この時期の幕府命令文書は主として北条義時の単独署判で発給されているが、その文末表現は「鎌倉殿の仰せにより」ではなく、主体をぼかす「仰せにより」となっている。これは政子の政治主導を踏まえた表現なのだろう。

義時の死

北条義時は日頃から脚気を患っていたが、暑気あたりを併発した。元仁元年（一二二四）六月十三日危篤に陥った義時は三寅の許しを得て出家し、死去した。六二歳であった。『吾妻鏡』は、念仏を唱えながらなくなった姿を記し、往生を確信している。ただちに京都に飛脚が派遣され、義時室も出家した。十八日に行われた葬礼には、子息北条朝時・重時・政村・実泰・有時と三浦泰村が供奉した。その他の御家人たちも大勢押し寄せていたが、供奉したのは義時の養子になっていた泰村のみである。七日ごとの仏事とは別に、二十二日には三浦義村が主催する臨時の追善仏事が行われている。ともに、義時と三浦義村・泰村親子との密接なつながりを示すものだろう。

義時の死について、藤原定家の『明月記』が面白い話を記している。安貞元年（一二二七）六月に承久の乱の張本である法印尊長と、和田合戦以来行方をくらましていた和田朝盛が京都で逮捕されたことを、六波羅にも出入りする医師から聞いて日記に記した。六波羅に連れてこられた尊長が「あの男は誰だ」と尋ねたのに対して、「修理亮武蔵太郎（時氏）でいらっしゃる。あれは掃部助殿（時盛）」と答えると、尊長は「こちらはみたことがある」と言い、「早く首を斬れ、もしそうでないなら、義時の妻が義時に飲ませた薬を俺に喰わせて早く殺してくれ」とわめいた。聞いていた人々はその言葉に驚愕したという。尊長の口から、六波羅の役人たちも知らない義時毒殺説が飛び出したわけである。また、

『保暦間記』は、義時が近習によって突き殺されたと記す。いずれも根拠がある話とは思えないが、『吾妻鏡』が極楽往生を遂げたと記すのとは逆に、上皇に弓を引いた上に配流の処置をとった義時の因業ゆえの死に方だったに違いないと、同時代の人が思わずにいられなかったのであろう。

伊賀氏の乱

義時死去の知らせにより、六月二十六日には京都から北条泰時・時房、足利義氏が鎌倉に戻った。『吾妻鏡』によれば、政子のもとを訪れた泰時に対して、時房・泰時の二人が「軍営の御後見」として、武家のことを執行するようにとの仰せがあった。これに先だち政子が「早過ぎるのではないだろうか」と大江広元に相談したところ、「今日でも遅いぐらいです。世の中が不安定で、人々が不審に思っている時です。決めるべき事は早く決めてしまいましょう」といったので、二人に命じたという。これをもって、泰時・時房が執権（泰時を執権、時房を連署と区別することも多い）に就任したとされる。ただし、時房は程なくして京都に戻って活動していることが明らかであり、幕府文書も貞応三年（一二二四）九月から元仁二年（一二二五）までは泰時の単独署名で発給されていて、時房・泰時の連名で発給されるのは嘉禄元年（一二二五）からであるから、時房の執権就任、両執権体制の成立はもう少し先のことである（上横手雅敬　一九七

○)。このあたりの『吾妻鏡』記事は、「軍営の御後見」の表現にみられるとおり、文飾を施した作文の痕跡があるから、記事内容そのものにも注意が必要である。

『吾妻鏡』のこの日の記事は、時房・泰時の執権就任ともう一つの話を記す。泰時が弟を討ち滅ぼすために京都から下ってきたという噂があり、弟の政村周辺が慌ただしくなり、政村の母方のオジに当たる伊賀光宗兄弟が、泰時の執権就任に憤り、義時後家尼である伊賀朝光女も婿の藤原（一条）実雅を将軍に擁立して、子息政村を執権とし、幕府の舵取りを光宗兄弟に任せようと思い立って、兄弟と相談していた。これに同意する人もいたという。この話を聞いた泰時方の人物が、泰時に告げたが、泰時は「嘘だろう」といって驚きもしなかった。ただし、要人以外の泰時亭参入を禁じ、家人六名が警固に当たったため、泰時亭は静まりかえっていたという。二十九日には時房の子息時盛《ときもり》と泰時の子息時氏《ときうじ》とが六波羅探題となり、京都に向けて出発した。不穏な動きがある中で二人は鎌倉にいることを望んだが、時房と泰時が相談し、京都の人々の疑念を払拭し、洛中を警固することが重要だと判断して進発させた。『吾妻鏡』は「時房はどんなことでも泰時の命に背かなかった」とのコメントを挿入している。

七月五日条は、政所執事の伊賀光宗兄弟が頻繁に三浦義村亭を訪れ、何事かを相談していると人々が怪しんだと記す。夜になって光宗兄弟が北条義時後家尼のもとに集まり、一致団結を誓い合っているのを「ある女房」が伺い聞いて、何事かはわからないまま不審に思って泰時に告げた。泰時はこれにも動じなかったという。話を漏れ聞いた女性が密告するというパターンは、これまでにも梶原景時追放事件や比企氏の乱にさいして『吾妻鏡』が使った叙述の手法である。

十七日、近国の武士が鎌倉に集結するなか、真夜中に北条政子が女房ひとりだけを連れて密かに三浦義村亭を訪れた。政子が義村に対して「義時が亡くなり、泰時が下向してから人々が鎌倉に集まり、世の中が騒がしくなった。北条政村と伊賀光宗が頻繁に義村亭に出入りし、密談しているという噂がある。いったいこれは何事か。あるいは泰時を手にかけ、抜け駆けしようというのか。承久の乱の時に幕府の命運がつながったのは、天命ではあるが、半分は泰時の功績であろう。義時は何度も争いを鎮めた。その跡を継いで関東の棟梁となるのは泰時である。泰時がいなければ、人々はどうして幸運を保つことができよう。政村と義村とは親子のようであるから談合の疑いが生じている。二人に何事もないように諫めているのだ」と言うと、義村は「私は知りません」と答えた。政子はそれに納得せず、「政村を支えて世を乱すつもりなのか、和平の工作をするつもりなのか、はっきりといいなさい」と詰め寄ると、義村は「政村にはまったく逆心がありません。光宗たちには用意していることがあります」と白状した。「間違いなく取り締まります」と義村が誓約すると、政子は安心して御所に帰った。

翌日、義村は泰時に面会し、「義時殿の時代に、私は忠義を感じており、義時殿はお気持ちを表すために、四郎殿（政村）が元服するのにさいして、私を加冠役になさり、愚息泰村を御養子となさいました。そのお気持ちを思うと、あなたと四郎殿のお二人に対してどうして好き嫌いするものでしょうか。ただ望んでいるのは世のなかの平和です。光宗にはたくらみがありましたが、私が説き伏せました」と、事情を説明した。泰時は喜びも驚きもせず、政村を害することはしないと答えた。

この月の晦日、鎌倉では甲冑を着た御家人たちが旗を掲げて行き交い、騒然としたが、何事も起こらず、明け方には静まった。閏七月一日、三寅と政子は泰時亭に移り、そこから義村の許に使者を送り、「私は今若君を抱いて時房・泰時と一緒にいる。義村が別行動をしてはならない。同じくここに来なさい」と、義村を招き寄せた。また、宿老の葛西清《きよ》重《しげ》・中条家長《いえなが》・小山朝政・結城朝光も集められ、時房を通じて心を一つとするように伝えられた。三日には政子の御前で時房・広元が相談し、藤原実雅の京都送還と義時後家・光宗の流刑が決められ、その後、実行に移された。

以上が『吾妻鏡』にもとづく事件の推移である。この事件に関しては、『鎌倉年代記』『保暦間記』などの編纂物に若干の記事があるが、『吾妻鏡』の記事情報と大きく異なる記述はない。ここに取り上げた『吾妻鏡』記事の大半に、記録特有の天候記載があり、何らかの記録を原史料としていることは明らかである。冷静沈着な泰時の描き方や文章表現などに多少の脚色は含まれていても、事件の大まかな流れは事実だろう。義時の突然の死によって生じた不安定な状況のなかで、伊賀氏らによる何らかの動きはあったのだろう。それを逆手にとって利用したのが政子らであり、政子と時房・泰時が中心となって三寅を支え、義村を筆頭とする宿老御家人・実務官人がそれをしっかりとサポートする体制を誇示し、北条の家に大きな力をもつことになる義時後家の影響力を削いだのが、事件がもたらした結果であった。政村と伊賀氏一族はある種の生け贄にされたものの、政村が罪に問われることはなく、伊賀氏もまもなく召還されて幕府を支える実務方に復帰した。

四　頼経時代の義村と泰時

1 幕府新体制の成立

政子の死

元仁元年（一二二四）十二月十四日、三寅が方違《かたたが》えのために北条泰時亭に渡った。翌日、泰時から三寅に引出物として一頭の馬が贈られたさい、その馬を引く役をつとめたのは三浦泰村と弟家村《いえむら》であった。十九日にふたたび立春の方違え渡御を行ったときの供奉人七名のなかに義村・泰村・光村が含まれている。鎌倉殿三寅を北条氏・三浦氏が支える体制は、さまざまな場で視覚的に示された。

尼御台所政子は嘉禄元年（一二二五）五月末から病となった。北条泰時の費用負担でたびたび祈禱が行われたが、その甲斐なく、七月十一日に六九歳で亡くなった。『吾妻鏡』は、幼帝を支えて政治を主導した神功皇后《じんぐうこうごう》や漢の呂后《りょこう》（漢の劉邦《りゅうほう》の皇后呂雉《りょち》）になぞらえて政子を讃えている。政子の葬儀は孫娘の竹御所《たけのごしょ》（頼家の娘）によって主催された。これは、頼朝と政子の家の後継者が竹御所であったことを示す。頼朝と政子の家の祭祀空間である勝長寿院で行われた一周忌仏事にも竹御所の出御はあったが、三寅（元服後の頼経）は参加していない。三寅は鎌倉殿の後継者ではあったものの、頼朝家の後継者とはされていなかった。

政子追福の恩赦として、伊賀朝行《ともゆき》・同光重《みつしげ》が許されて配所から戻り、十二月には光宗も鎌倉に戻った。政子の死によって、政子が主導した伊賀氏の失脚は白紙に戻されたのだろう。

政子が病中にあった六月十日に、源頼朝時代から幕府の実務を支えてきた大江広元が七八歳で亡くなった。頼朝未亡人政子と頼朝時代を支えた広元の死は、幕府における頼朝時代の完全な終焉を意味した。

九月三日、北条泰時が終日三寅の御所に祗候し、義村・行西《ぎょうさい》（二階堂行村）と密談した。行西は広元亡き後の実務官人の代表者、義村は御家人層の代表者である。『吾妻鏡』はその会談内容について「理世の沙汰か」と記している。政子亡き後の新体制の政治方針の確認だろう。二十日には泰時が奉行人を集めて対面し、奉行人に対して賞罰を明らかにして臨むことが伝えられた。十月三日には、宇津宮辻子《うつのみやずし》に御所を移すことが決められた。執権北条時房・泰時が主導し、基礎工事は行西が奉行をつとめた。十月二十八日には三寅が工事の間、伊賀朝行亭を御所とすることになった。これは伊賀氏の復権を象徴する。

十二月五日に新御所上棟が行われ、二十日に三寅がそれまで住んでいた御所から新御所に引っ越した。引っ越しは夜中に行うのがこの時代の常識であったが、泰時の計らいでそれを昼間に行っている。新しい御所への引っ越しの行列を人々にみせつけることで視覚的にも新しい御所と幕府の新体制が出来上がったことを示す狙いがあったのだろう。

新御所への引っ越しにともなう評議始が行われた。顔ぶれは両執権の北条時房・同泰時に、実務官人を代表する中原師員・行西と、御家人を代表する三浦義村である。そこでは評議始にふさわしい神社・仏寺の興行についての方針が示されるとともに、御所東西の侍への祗候や門の警固の割り当てが話し合われた。『関東評定伝』や『関東開闢皇代《かんとうかいびやくこうだいならびにねん》并年代記《だいき》』などの編纂物は、この嘉禄元年をもって評定衆の設置とみており、これが通説となっている。しかし、十二月二十一日の評議始は、新御所への引っ越しにともなって行われた一連の儀礼のひとつであり、これをもって評定衆の設置とみるわけにはいかないだろう。幕府の主要人物たちによる評議は実朝時代から存在しているし、評定衆というメンバーシップが確立するのは、もう少し先のことである。

三寅の元服

嘉禄元年（一二二五）十月ごろ、京都の貴族の関心事は、三寅の元服であった。三寅はこの年八歳。摂関家における元服の佳例は一一歳であるが、兄教実は八歳で元服を遂げていたから、同じ八歳で元服を遂げるには、あとふた月しか残されていなかった。政子がこの年の十二月に元服するようにといい残していたという情報も伝えられている。元服に当たっては、三寅の母方のオジに当たる右大将藤原実氏が加冠役として下向し、藤原為家《ためいえ》が理髪役としてついていくと人々は噂していた（『明月記』十月二日・六日条）。藤原定家《さだいえ》の『明月記』嘉禄元年十月二十八日条には、子息為家から聞いた藤原（西園寺）公経の話として、公経が外孫の三寅の元服について、義村の意向を図りかねているという記事がある。日程の問題以上に、関白藤原家実以下が強い関心をもっていたのが、三寅が元服して源氏の姓となるのか否かであった、ここでは関東申次として幕府と朝廷との窓口になっていた経験のある公経が、義村ひとりの名を挙げている点が注目される。公武関係に関わる件について決定権を持っているのが、北条泰時ではなく、三浦義村であるとみられていたのである。

京都では、外祖父公経と父道家を中心に、元服の準備が進められた。三寅の成人名選びや、政所始・侍所始の日程選びが進められ、三寅が得る官職についても議論された。そのいっぽうで、実氏らの下向は見送られ、三寅が自分で冠をかぶるという新しい形が提案された（『明月記』十一月十九日・二十三日・十二月十日条）。

元服儀礼は、十二月二十九日に行われた。殿上人の藤原教定《のりさだ》が介添えし、理髪・加冠の役は泰時がつとめ、頼経の名がつけられた。儀礼において諸役をつとめたのは北条重時・藤原親実《ちかざね》・藤原仲能《なかよし》ら五位の位階をもつ者たちであった。時房は病のために欠席している。

年が明けると、幕府は頼経の任官を朝廷に申請し、正月二十七日に征夷大将軍宣下とともに、正五位下での叙爵と右少将への任官が行われた。一般貴族の叙爵は従五位下であり、正五位下での叙爵は摂関家の子弟に認められた特典である。頼経は摂関家の子弟の身分相応の待遇であった。これはまた鎌倉殿の家が摂関家同等の家格であることも示した。

叙爵に先立ち、上洛した佐々木信綱《のぶつな》と公経の側近が、藤原氏の氏神である春日社に赴き、源氏に改姓すべきかどうか神意を尋ねた。定家はこれを藤原氏の氏社・氏寺に背く行為と考え、三浦義村の推挙で時房・泰時の耳目《じもく》となっている学者藤原俊親《としちか》の差し金であると憤慨したが、翌日、改姓すべきではないという神意だったと聞いて安堵している（『明月記』嘉禄二年正月二十六日・二十七日条）。頼経が源氏に改姓しなかったことは、彼が頼朝と政子の家の後継者にならないことを意味する。それと引き換えに摂関家庶子としての身分を保持することになったのである。

嘉禄三年から正月の御行始が行われている。行き先は泰時亭であり、以後、毎年泰時亭に赴いている。頼朝時代には安達盛長亭や比企能員亭が用いられ、頼家時代には三善康清亭、実朝時代には大江広元亭や北条義時亭が使われていた。いずれももっとも信頼されている側近の邸宅である。三浦義村亭はこの御行始には使われていないが、頼経はたびたび鎌倉の義村亭を訪問している。また、行楽地として三浦半島の杜戸《もりと》（神奈川県葉山町）や三崎（神奈川県三浦市）、大住郡にある大庭館（神奈川県藤沢市）・田村亭（神奈川県平塚市）という義村の別荘を訪れて歓待を受け、笠懸《かさがけ》や犬追物などを楽しんでいる。これほどまでに頼経が邸宅や別荘を訪問している御家人はほかにいない。

また、年始には鎌倉殿が伊豆山権現・箱根権現に参詣する二所詣が幕府恒例の行事となっており、鎌倉殿が参詣できない場合には、奉幣使が立てられた。奉幣使は単なる使者ではない。代参の意味合いが強く、実朝時代初期には北条義時が奉幣使をつとめていた。頼経時代になって、元仁元年（一二二四）・安貞二年（一二二八）には三浦義村、安貞元年（一二二七）・寛喜元年（一二二九）には北条重時、寛喜二年（一二三〇）には北条有時《ありとき》、寛喜三年には北条政村がつとめている。重時・有時・政村は泰時の弟たちである。ここからも幕府内において北条氏と三浦氏とが頼経を支える特別な存在であったことがわかるだろう。

北条家嫡子時氏の死

三浦義村の娘と北条泰時が結婚し、嫡子時氏が生まれたが、ふたりは程なくして離婚していた。しかし、その後、別の女性と泰時との間に生まれた娘が三浦義村の子泰村の妻となっていた。義村娘と泰村との絆がほどけても、北条氏と三浦氏とは別の絆を用いてそれを補完していたのである。寛喜元年（一二二九）二人の間に子どもが生まれたが、難産の末の死産であった。九ヵ月後、泰村は京都大番役勤仕のために妻をともなって上洛した。その二〇日ほど前、藤原定家は、三浦義村が多くの軍勢を率いて上洛したらしいと記し、何のための上洛だかわからないとの疑念を書き留めている。

この年の十月、定家は関東申次である右大将藤原実氏のもとを訪れて聞いた話を記している（『明月記』十月六日条）。三浦義村が関白藤原道家を「深く遏絶《あつぜつ》した」ことが道家の耳に入った。定家はこれを畏れ多いことであり、関東奉公の身でどうしてそのようなことができようかと非難し、義村がこのことを弁明するために上洛したいといったが、頼経に止められて、二男を遣わしたいと、道家の意向を伺ったと記す。この話が先の義村上洛の噂や泰村の上洛と関連づけられたのだろう。「遏絶」とは、断ち切ること、排斥することの意味である。義村が関白道家を罷免しようとしていると京都に伝わったのである。幕府の対朝廷政策は、両執権北条時房・泰時ではなく、三浦義村が主導していたとみられていたのであろう。義村が否定しているとおり、義村が道家を更迭しようとした事実はなかったと思われる。しかし、義村にはそれほどの力があると朝廷からみられていたのは間違いない。天福元年（一二三三）には義村が蔵人頭を推挙した話がみえるから（『明月記』十二月六日条）、実際にも朝廷人事に対する影響力はあった。

朝廷からみた義村の存在感は関白の人事だけではない。嘉禄元年十一月に藤原実雅の元妻（北条義時の娘）が上洛して源通時《みちとき》（通親《みちちか》の甥）と結婚することになったとき、定家は、地頭である義村を長年訴えなかった荘園領主通時の心操に義村が感じ入って、この結婚を取りなしたことを記した上で、そこには義村の「八難六奇の謀略」があると述べている（『明月記』十一月十九日条）。「八難」とは『漢書』にみえる漢の軍師張良《ちょうりょう》の故事、「六奇」は『史記』にみえる漢の陳平《ちんぺい》の故事にもとづく言葉である。定家は義村の行為を張良や陳平の知略にたとえているのである。なぜかというと、この時の後堀河天皇は一四歳で後継者がいなかった。後鳥羽上皇の子孫が皇位継承から排除されているなかで、皇位継承者候補だったのが高倉天皇の皇子、故惟明《これあき》親王の子交野宮《かたののみや》だった。交野宮の母が通時の姉妹だったから、義村が交野宮の皇位継承を考えて、その外戚（母方のオジ）である通時と義時娘との結婚を取り結んだのではないかと推量したのである。これは義村が後堀河天皇を擁立した事実を踏まえてのことだろう。義村は皇位継承問題までも視野に入れて行動している人物とみられていたのである。

元仁元年（一二二四）から六波羅探題として京都にいた北条泰時嫡子時氏を直接支えていたのは、三浦一族の遠江守佐原盛連《もりつら》であった。彼は時氏の母（三浦義村の娘）の再婚相手で、時氏からすると義父に当たる人物である。その関係から、頼経の許しを得て、時氏とともに在京していた（『明月記』嘉禄二年正月二十四日条）。時氏や義村との関係を利用しつつ、西園寺家の庶流に当たる藤原実任《さねとう》を婿にするなどのネットワークも形成していた。ただ、盛連は酒乱で、酒を飲んでは大暴れしたので、「悪遠江《あくとおとうみ》」の異名をとっていた。寛喜二年の時氏の鎌倉下向にも同行したようで、京都には盛連の子息が残った。盛連の子息は、桂川《かつらがわ》の鵜飼たちを統率する刑部丞という者の妻に頼まれて、検非違使の下部を追い払うという事件を起こしている（『明月記』寛喜二年四月十七日条）。

寛喜二年（一二三〇）、泰時の弟北条重時が六波羅探題として上洛し、四月に泰時の子時氏が鎌倉に戻った。程なく時氏は病を得て、六月十八日に二八歳で死去してしまう。時氏の死を嘆き悲しむ泰時に対して、義村が諫めたという（『明月記』七月一日条）。続いて八月四日泰村室の泰時娘が死去した。泰時は、三浦氏との絆の役割を果たしていた二人の子を立て続けに亡くしたのである。

『吾妻鏡』嘉禎二年（一二三六）十二月二十三日条にも、三浦泰村室である北条泰時娘が死去したという記事がある。編纂の際に、同じ泰時娘について、寛喜二年の死亡記事と重複して掲載してしまったのか、そうでないとすると、寛喜二年に娘が死去した後、別の娘をさらに泰村に嫁がせていたということになる。後者だった場合には、泰時と義村との関係がいかに強かったか、また、強くさせないといけないと二人が考えていたかを物語るものになろう。時氏の死と泰時娘の死によって、北条氏と三浦氏との血縁・因縁は切れたが、こののちも三浦義村と北条泰時との結びつきは、まったく変わりがなかった。

寛喜二年十二月、一三歳の頼経と、二八歳になる頼家の娘竹御所との結婚が行われた。鎌倉殿の後継者と頼朝・政子の家の後継者との結婚である。二人の間に子が生まれれば、幕府と頼朝の家がふたたび一体化することになる。文暦元年（一二三四）竹御所は懐妊し、期待が高まったが、その願いは叶わず、同年七月二十七日、死産の上に竹御所は命を落としてしまった。

嘉禎三年（一二三七）四月二十二日、時氏遺児時頼の元服が頼経の御前で行われた。頼経が加冠し、義村が理髪役をつとめた。文暦元年（一二三四）に元服した兄経時と同じ一一歳で、頼経が加冠したのも同じである（三月五日条）。唯一異なるのは、経時の理髪は、曾祖父の弟北条時房がつとめたのに対し、時頼の場合には、外曾祖父三浦義村がつとめていることである。経時・時頼の祖父泰時にとって、時房と義村とは等距離の関係にあり、泰時と時房・義村が形作る二等辺三角形が鎌倉殿頼経を支えていた。それがこの時期の幕府の中核であったことが、この二つの元服儀礼からみて取れる。

貞永元年（一二三二）七月に制定された御成敗式目に付された起請文には、執権北条時房・泰時と一一名の評定衆の署判がある。最上位者は時房、次いで泰時、中原師員《もろかず》、三浦義村、中条家長以下の順である。幕府の運営は両執権と一一名の評定衆の合議の形をとった。それを主導したのが、両執権と、一般御家人最上位の義村、実務官人最上位の師員であったことは間違いなかろう。

2 身分秩序の再編と北条氏・三浦氏

鎌倉殿の身分

平安時代後期から江戸時代に至るまで、臣下は出自によって公達・諸大夫・侍の三つの身分階層に分かれていた。それぞれの階層により昇進ルートや昇進の速さ、到達する官位・官職などが決まっていた。原則として、公達には、藤原氏のなかで摂政・関白となる家系から一〇世紀以降に分出した家系と、宇多天皇以降の賜姓源氏が属した。諸大夫は、奈良時代末から平安時代初期に分出した藤原氏の家系や桓武平氏、菅原氏・大江氏の儒者の家系などをさす。侍は、奈良時代に分出した藤原氏の家系や、清和源氏・橘氏・紀氏などであった。

公達は、五位に叙爵した後、近衛少将・中将をへて公卿となることがほぼ共通していた。しかし、同じ公達層でも、摂政・関白を輩出する最上位の摂関家、次位の清華家と、摂関家・清華家それぞれの庶流、没落した公達である羽林家《うりんけ》とでは、経歴したり到達したりする官職や昇進速度が大きく異なっていた。たとえば、近衛中将になるのが、摂関家では一〇代前半、清華家では二〇歳前後、羽林家では四〇歳ごろという程に、大きな差があった。

臣下である鎌倉殿はもちろん、御家人たちもこの身分秩序のなかに組み込まれていた。清和源氏のなかでも頼義《よりよし》・義家《よしいえ》の子孫は、諸大夫の身分を獲得していたから、源頼朝は諸大夫に属していた。文治元年（一一八五）に従二位の位に昇り、建久元年（一一九〇）には権大納言・右近衛大将に任じられたが、それでも身分としては諸大夫であった。しかし、頼朝の子ども世代には公達の身分を獲得した。頼家・実朝ともに、昇進ルートは近衛少将・中将をへる公達コースをとっている。頼家の近衛中将任官は一八歳であるから、速さとしては清華家並ということになる。弟の実朝が近衛中将になったのは一四歳であるから、摂関家並の速度である。その後、実朝は非参議の近衛中将から参議をへずに権中納言に昇進した。これは摂関家子弟と、ごく一部の清華家子弟に限られていた「中納言直任」と呼ばれるコースである。さらに近衛大将を経歴して大臣に昇り、大臣と大将を兼ねた。これも摂関家と清華家の一部のみに認められたコースであるから、明らかに実朝の時代の鎌倉殿は、清華家上層の家格になっていた。速さという点では清華家を上回っているから、清華家を越えて、准摂関家に位置づけられたという見方もできる。

実朝の死後、東下した藤原頼経はもともと摂関家の子弟であるから、近衛少将・中将をへており、一四歳での近衛中将任官は摂関家子弟の昇進に見合っている。一五歳での公卿昇進、一六歳での中納言直任は実朝の一八歳、二五歳をそれぞれ上回っている。これも摂関家子弟の待遇である。ところが頼経は一七歳の時、病をきっかけに権中納言を辞した。上洛の機会に二一歳で権大納言に返り咲くものの、すぐに辞職した。以後、出家するまでこの地位に変動はなかった。摂関家において大臣にならなかった子弟は「凡庶《ぼんしょ》にまじる」とされ、家格相応の昇進をしたとはみなされない（「九条家文書」）。鎌倉殿の家は没落した摂関家の庶家となってしまった。頼経の子頼嗣も一四歳で三位の中将として公卿になったが、その地位のまま一八歳で亡くなってしまう。父の若年時の昇進よりも劣っているから、鎌倉殿の家は没落した摂関家庶家の待遇のままだったとみられる。

なお、頼嗣のあとは、後嵯峨上皇の皇子宗尊《むねたか》が鎌倉殿に迎えられた。宗尊はもちろん親王としての待遇である。宗尊を迎えることによって、一時低落した鎌倉殿の地位は、大きく上昇することになった。

鎌倉御家人の身分

主人である鎌倉殿の地位とその変動は、家人《けにん》である御家人たちの身分にも影響した。公達・諸大夫・侍という三つの身分のなかで、公達は他の公卿家の家人になることはなかった。諸大夫は摂関家の家人にはなったが、清華家以下の家の家人となることはなかった。侍は公達・諸大夫の家の家人となった。したがって、諸大夫である頼朝の御家人たちは侍身分とみなされた（一条兼良《かねら》書写本系『職原抄』の追記部分）。ただし、頼朝と同じ頼義・義家子孫に当たる源氏一門は、諸大夫身分に属したから、頼朝の家人になることはなく、「門葉」と称されて、他の頼朝家人とは区別されていた。京下りの実務官人にも大江広元のような諸大夫層に属する者と三善康信のような侍層に属する者とがいた。

諸大夫の昇進コースのひとつに、叙爵後、受領（国守）を歴任するコースや諸司の次官・三等官から五位に叙爵して受領に任じられるコースがあった。頼朝の門葉である源氏一門は主に前者のコース、実務官人は主に後者のコースをとって受領に任官した。貴族社会では、侍身分の検非違使の尉から五位に叙爵し、国守に任官する侍身分上層の昇進コースがあった。頼朝時代、源氏一門の一部や弟の義経はこの侍身分のコースで国守になったが、一般の御家人にこのコースは許されていなかった。頼朝時代にも比企能員・佐々木定綱・小野義成など検非違使になる御家人がいたが、国守にはなっていない。この任官のあり方が、承久の乱後には大きく変化する。加藤光員《かとうみつかず》が検非違使から伊勢守になったのを始めとして、小山朝政・結城朝光など有力御家人がこのコースで受領になり、以後、鎌倉時代中期までには、有力御家人が衛門府の尉から国守になるのが一般的になる。

侍身分で国守となる者の特色として、複数の国守を歴任することなく、一度国守になるとまもなく辞任し、以後は○○前司と呼ばれ続けることが挙げられる。彼らにとって国守は、在任して経済的利益を得るための官職ではなく、一つの身分標識として、就任することのみに意味がある官職となっていた。

鎌倉時代中期以降の御家人は、以下の四つに分化するといえるだろう。

①諸大夫家…頼朝時代の「門葉」や京下りの実務官人の子孫で諸大夫身分を保持していた家と、北条氏のように侍身分から諸大夫身分に上昇した家。

②侍受領家…侍身分ながら五位に叙されて国守となる家。一部の実務官人もここに含まれる。

③衛府の侍家…衛門府・兵衛府の尉、馬允などの官職をもつが、叙爵はしない家。

④無位無官の侍家…鎌倉殿の御家人ではあるが、任官や叙爵はせず、天皇を頂点とする身分秩序のなかに位置づけられていない家。

鎌倉殿の身分上昇にしたがって、御簾の上げ下ろしをする者の身分も変化している。頼朝時代初期には北条義時もつとめたが、頼朝が大納言になってからは、平時家や足利義兼がつとめている。頼家時代には源親広、実朝時代には源仲章といった諸大夫身分の者であった。頼経（三寅）の時代になると、藤原実雅・藤原教定・藤原実清など公達の殿上人がこの役をつとめ、宗尊親王の時代には公卿の源顕方が大納言に至ってもつとめている。鎌倉殿の身分上昇によって、身近で奉仕する殿上人や公卿の存在は不可欠となった。逆に侍身分の御家人が御簾の上げ下ろしをすることはなくなった。鎌倉殿に仕える者には身分に応じた役割があったのである。

身分秩序のなかの北条氏と三浦氏

こうした身分秩序のなかで、本来、侍身分に属していた北条氏は、頼家将軍時代に時政が遠江守になった。それまで衛府の尉などの官職を経ることはなく、いきなり遠江守に任官している。これは頼朝時代の源氏一門の国守就任と同じであるから、侍受領ではなく、鎌倉殿の外祖父として、諸大夫身分の源氏一門と同格になったことを意味する。義時も他の官職をへることなく相模守になった。義時の弟時房は、式部丞から叙爵して武蔵守となり、義時の子泰時も修理亮・式部丞から叙爵して駿河守になっている。泰時の弟朝時も同様に式部丞から叙爵して越後守、重時は修理亮から駿河守、政村は式部丞・右馬権頭から陸奥守となっているように、ほぼ同じ昇進ルートを獲得している。

時房・泰時以降、北条氏の子弟の多くが経歴している式部丞という官職は、官職の故実書『職原抄《しょくげんしょう》』に「式部は然るべき諸大夫これに任ず」とあるとおり、諸大夫身分の者が就任する官職だった。泰時が式部丞の前に就いた修理亮も「諸大夫これに任ず。五位に相当たるなり。しかれども六位またこれに任ず」とあって、五位もしくは六位（六位とは、五位に叙されていない者の総称。この時代、六位以下の位に叙されることはなかった）の諸大夫の官職であった。このことからも北条氏が諸大夫身分を獲得していたことは間違いない。なお、泰時・朝時・政村らが一時期称していた「式部大夫」とは、式部丞と五位を意味する「大夫」が結び付いた称号ではあるが、式部丞から五位に叙されて、式部丞を辞した者の称であるから（橋本義彦 二〇二〇）、五位の式部丞という解釈（細川重男 二〇一九）は誤りである。叙爵されたら、それまでの官職を持ち続けることはできないのがこの時代の社会規範であり、特例的に叙爵後の帯官が認められた検非違使の尉の場合には、天皇から叙留《じょりゅう》の宣旨が出される必要があった。

義時が相模守・陸奥守を経歴し、時房・泰時もそれぞれ武蔵守・相模守、駿河守・武蔵守になっているように、複数の国守を経歴していることも特徴的である。源氏一門の足利義氏なども武蔵守・陸奥守を経歴しているから、これも源氏一門と同じ諸大夫身分を示す官職のあり方とみていいだろう。

早世した泰時の子時氏は修理亮で没しているから、彼もそれまでの北条氏と同じ昇進ルートを取っていたことがわかる。しかし、時氏の子である経時・時頼兄弟は少し違ったルートを取る。経時はまず近衛将監に任官し、在任のまま五位に叙されてから、武蔵守になり、弟時頼は、兵衛尉になってから、五位の近衛将監に転じ、相模守になっている。近衛将監は諸大夫が任じられる官職であるから、家格を落としたことにはならないが、時頼が最初に任じられた兵衛尉は明らかに侍身分の官職である。早世した時氏の庶子として、最初は侍身分に甘んじていたのである。なぜ時頼がこのように不遇だったのかは不明である。しかし、兄経時が近衛将監から国守になると、代わって近衛将監となり、諸大夫の昇進ルートに乗った。

一方、三浦氏では、義村が建久元年（一一九〇）の上洛時に右兵衛尉となった。同時に、一族の和田義盛・佐原義連も左衛門尉に任官している。このとき任官した御家人一〇名中三浦一族が三名を占めるという厚遇ではあるが、頼朝の家人である彼らが獲得できた官職は侍身分の官職である。以後、頼家・実朝の時代には和田義盛の子や孫、佐原義連の子、義村の弟胤義なども衛府の尉に任官している。三浦氏は北条氏とは違い、侍身分であった。

そうしたなかで三浦義村が北条氏の外戚という位置づけで、承久元年（一二一九）十一月に駿河守となった。とはいえ、兵衛尉から国守になったわけであるから、侍受領であることに変わりない。義村の子息のうち、太郎朝村は貞応元年（一二二二）までに兵衛尉に任官し、三郎光村は寛喜三年（一二三一）に検非違使の尉となり、四郎家村も貞永元年（一二三二）までには左衛門尉に任官した。五郎資村・八郎胤村なども左衛門尉になっている。いずれも侍身分の官職である。このように兄弟がつぎつぎと侍身分の官職を得ているなかで、義村後継者の二郎泰村は嘉禎三年（一二三七）まで無位無官であった。駿河守だった義村の二男という意味で、駿河二郎と呼ばれ続けている。これは父義村の判断だったとみていいだろう。

嘉禎三年、満を持して泰村が獲得した官職は掃部権助《かもんのごんのすけ》であった。翌月には式部丞に転じ、さらにひと月ほどで若狭守になっている。泰村が最初に就いた掃部権助という官職は、『官職秘抄《かんしょくひしょう》』によれば、「良家《りょうけ》の子」すなわち諸大夫の子弟が任じられる官職で、式部丞となるための官職であったという。式部丞が諸大夫身分の官職であることは先にみたとおりである。寛元元年（一二四三）に鎌倉幕府は侍身分の者が式部丞や諸司の助に任官することを法令で禁じている。それだけ式部丞任官には重要な意味があった。つまり、義村は、これまでどおりの侍身分として庶子を衛府の尉に就けるいっぽうで、後継者泰村を侍身分の官職には就けず、諸大夫身分の官職に就かせる機会を窺っていたということになろう。この泰村の任官は、三浦氏が北条氏同様に諸大夫身分になったことを示すものであった。

弟光村は泰村に先立ち侍身分のまま壱岐守になった。壱岐守は検非違使の巡任でよく使われるもっとも等級の低い国守で、国からの収益ではなく、国守身分が欲しい者が就く官職だった。しかし、光村は義村の在世中に、等級の高い河内国の守に遷任し、義村の死後には能登守になっている。国守を歴任する御家人は希で、北条氏などの諸大夫層にみられるのみである。光村もただの侍身分ではなくなっていたみることができよう。また、義村の死後ではあるが、四郎家村も左衛門尉から掃部助をへて（『明月記』寛喜元年十月十日条）式部丞となり、叙爵している。義村子息のうち泰村だけでなく、兄弟たちも侍からの上昇を図ったのである。

二階堂氏や伊賀氏など京下りの実務官人だった家と源氏一門を除く東国御家人の家で、侍身分を脱して諸大夫身分を獲得した家は北条氏と三浦氏のみである。御家人の任官には鎌倉殿の推挙や許可が必要であったから、三浦氏が諸大夫の家になることを、頼経も、両執権北条時房・泰時も認めていたことになる。これも北条氏と三浦氏が一体となっていたことの証拠であろう。

3 義村・泰時の死

頼経の上洛

承久元年（一二一九）の東下以来、頼経は京都を訪れていなかった。一八年が経過した嘉禎三年（一二三七）から来春の御上洛準備が始められ、暦仁元年（一二三八）正月に上洛が実現した。

この頼経上洛に合わせて、弟たちの天台座主就任儀礼や仁和寺御室《おむろ》入室儀礼が行われた。これは道家の子息が天台・真言両宗教勢力の頂点に立つこと、あるいはその予定であることを示す儀礼であった。頼経自身も権中納言・大納言という議政官に任官し、京都の軍事・警察権を掌握する検非違使別当に就任した。ちなみにこのときの摂政・左大臣は道家の婿藤原兼経《かねつね》、右大臣が道家の子良実である。道家は、頼経の在京中に出家している。道家のもとで、公武、さらに宗教勢力が協調していること、それが道家から次世代に引き継がれることを示す一大パフォーマンスがこの頼経上洛であった。

頼経には、両執権北条泰時・時房、三浦義村以下のそうそうたる御家人たちが供奉した。道中にひと月近くをかけ、二月十七日の真夜中に入京した。『五代帝王物語』は「京中ゆゆしき見物なり」と、見物する者が尋常でないほどだったことを記している。一部の公卿たちは近江・山城国境近くの関寺《せきでら》まで出向いて行列を見物した。

この入京の行列の先陣は三浦義村であった。騎馬の義村の前には家の子三六人が三騎ずつ並んで義村の随兵として前行した。そのあとに頼経の随兵一九二騎が続き、輿に乗った頼経のあとに、水干を着た五位一五人が弓矢をもって三列ずつ騎馬した。一五人の後ろに泰時が一人で騎馬した。行列の最後が甲冑を着した時房である。泰時には随兵三〇人と水干を着た従者一八人などがしたがい、時房には随兵二〇人と水干の従者二〇人がついた。独自に随兵をしたがえた義村・泰時・時房がこの行列のなかで特別な存在だったことは一目瞭然だった。『興福寺略年代記』という奈良で作られた史料も、この出来事を「頼経将軍が泰時・時房・義村を率いて上洛した」と三人を特記する形で表現している。

この頼経上洛の目的の一つが氏神である春日社参詣であった。六月五日に京都を出発した行列の先陣は入京時同様、三浦義村がつとめ、六騎の随兵がついた。行列末尾の後陣には北条泰時・時房の両執権が数百人をしたがえて行列した。

この行列を頼経の父道家、弟良実・実経《さねつね》も見物しており、道家の日記『玉蘂《ぎょくずい》』にもその様子が載せられている（六月五日条）。それによると、北条重時・政村・朝直・経時・三浦光村らは奈良まで供奉したが、泰時や三浦泰村は出発時には供奉したものの、途中から京都に戻り、留守役をつとめたようである。義村の先陣について「駿河前司義村昨日先陣」と記されているから、義村も京都進発時の先陣役だったかもしれない。奈良では、途中の熱沼池付近に河内守護が仮設の小屋を建て、昼の弁当を用意したという。河内国は三浦氏が守護をつとめている国で、しかも光村が河内守であったから、河内国の国衙と御家

図16 『春日曼荼羅』春日社境内・春日山
（東京国立博物館所蔵）

人の経済力を動員してことに当たったとみられる。

また、春日社周囲の春日山を淡路守護義村の私勢で囲んだとも記されている。わざわざ「淡路守護」と記しているから、義村の「私勢」というよりも、淡路国の守護として国内の御家人を動員したのかもしれない。いずれにしても京都や奈良の人々に鎌倉幕府の軍事力と経済力、とりわけ三浦義村の力をみせつけるものであり、頼経の父道家までもがそれを感じ取っていた。また、頼経が乗った肩輿の担ぎ手は頼経の外祖父藤原公経が用意した者たちであったから、この行列は、幕府の力をみせつけるとともに、外祖父公経が頼経を支えていることをみせつけるものにもなっていた。

頼経一行の在京中に、三浦泰村が評定衆に加えられた。暦仁元年に親子で評定衆に在任しているのは、北条時房・資時のみである。ただし、資時は出家の身で、時房の後継者となる時盛や朝直はまだ評定衆になっていない。父子での在任は、三浦氏が評定衆のメンバーシップを代々もつ家であることを示すものであろう。その点でも、北条氏と三浦氏は、御家人のなかの特別な家であった。

義村・時房の死

藤原頼経や三浦義村が、京都・奈良で大パフォーマンスを演じ、鎌倉に戻ったのは暦仁元年（一二三八）十月末である。翌延応元年（一二三九）二月には後鳥羽法皇が隠岐で亡くなった。その後、天変が相次ぎ、北条泰時が痢病に陥ったり、頼経や父道家が体調を崩したことが『吾妻鏡』には記されている。そうしたなかで、頼経の庶妻である二棟御方《ふたむねのおんかた》（中納言藤原親能《ちかよし》の娘）が懐妊し、十一月二十一日に若君が誕生した。のちの頼嗣《よりつぐ》である。

待望の鎌倉殿後継者の誕生を喜んだのも束の間、十二月五日に三浦義村が突然死去した。『吾妻鏡』は「頓死。大中風」と記しているから、突然の脳卒中に襲われたのだろう。義村の年齢は不詳だが、初陣年齢を勘案すると、仁安三年（一一六八）生まれとみられるので、七二歳で亡くなったことになる。政治運営のパートナーを失った北条泰時は、その夜、自ら義村亭に遺族を弔問した。また、頼経から弔問の使者が派遣され、多くの御家人も集まった。義村の所領は、子息の泰村・光村・家村・資村・胤村・重村に分割譲与され、四ヵ月後に安堵の下文が発給された（仁治元年四月十二日条）。

さらに、義村が亡くなった翌月の仁治元年（一二四〇）正月には、彗星の変異が続くなかで、北条時房が亡くなっている（六八歳）。死因は義村と同じ「大中風」であった。北条泰時は二〇年来の支えを続けて失った。京都の人々の間には「去年暮れに義村が頓死し、今年また時房が頓死したのは、後鳥羽天皇の怨霊の仕業ではないか」と噂されたという

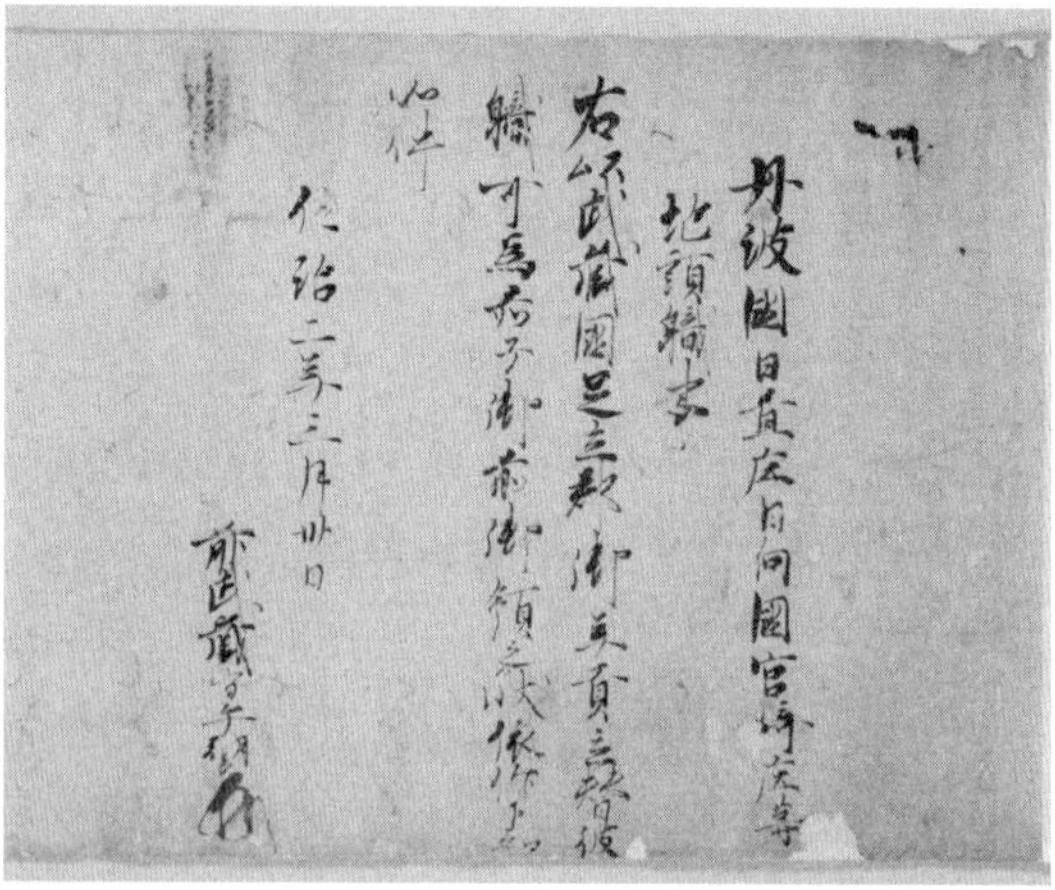

図17　泰時単独署判の「関東下知状」（国立歴史民俗博物館所蔵）

（『平戸記』仁治元年正月二十八日条）。

時房の死により、泰時が単独の執権となり、幕府発給の下知状・御教書も時房・泰時の連署から泰時の単独署判へと切り替わった（北条氏研究会　二〇一九）。泰時五八歳にしてようやく自立したともいえるだろう。時房が亡くなる前年、時房の子息朝直《ともなお》と義時の子政村が評定衆に加わっている。将軍頼経は二三歳、北条一門の評定衆北条政村三六歳、同北条朝直三五歳、事務方トップの中原師員五六歳、大江広元の子毛利季光入道三九歳、一般御家人トップの三浦泰村も三〇代であるから、幕府首脳のなかでは泰時が最年長である。泰時が子ども世代を率いて幕府を運営することとなった。暦仁の上洛から戻って以降、『吾妻鏡』には立法記事が多く載せられ、延応・仁治の年記をもつ幕府追加法も多い。法令にもとづく統治が定着したとみていいだろう。義村・時房の死後もその傾向に変化はなかった。

仁治二年、頼経の三歳の子の魚味《うおみ》と着袴《ちゃっこ》が同日に行われた。着袴の年齢は父頼経と同じであり、儀式も頼経の先例を追って行われた。

この年、評定衆に泰時の孫経時《つねとき》（一七歳）と、義時の子有時が加わった。有時は北条一門内の年長者が就任する順送り人事であるが、一七歳の経時の就任は明らかに泰時の後継者としての位置づけである。幕府政治は、そろそろ次の世代を見据える時期にさしかかっていた。十一月末、若宮大路《わかみやおおじ》の下《しも》の下馬橋《げばばし》あたりで、ささいなことから三浦一族と小山一族の間に喧嘩が起きた。両方の縁者が集まり大事になりそうだったが、泰時が使者を遣わして、事なきを得た。そのさい、経時は祗候人を武装させて三浦泰村方の応援に遣わした。泰時はその軽率さを咎め、動じなかった弟の時頼を褒めた。数日後、経時が許されたのは、北条政村と三浦泰村が取りなしたからであった。経時と時頼の比較は、この兄弟のその後を踏まえての脚色であるが、経時が三浦氏と深いつながりをもっていたことと、時房・義村亡き後は、北条政村と三浦泰村が泰時を支えていたことは読み取れるだろう。

泰時時代の終焉

仁治三年（一二四二）正月九日、一二歳の四条天皇が転倒事故によって亡くなった。父は承久の乱後に幕府が擁立した後堀河天皇、母は藤原道家の娘であるから、鎌倉殿頼経にとっては甥に当たる。この皇子が誕生した時から後堀河天皇には譲位の意向があったらしく、貞永元年（一二三二）、彗星出現を理由に後堀河天皇が譲位し、わずか二歳の四条天皇が践祚した。この譲位は皇子の外祖父藤原道家の主導で行われた。事前に伝えられた幕府は不快の意を示したが、道家は譲位を決行した。そうした経緯で践祚した四条天皇が亡くなったのである。

出家後も朝廷の実力者であった道家は、鎌倉に使者を送り、新天皇について幕府の意向を尋ねた。四条天皇の死で、後堀河天皇の系統は絶えたので、佐渡に流されている順徳上皇の子、配流地阿波国で亡くなった土御門上皇の子しか選択肢がなかった。両上皇とも幕府の要請によって配流された経緯があるから、今回は幕府の意向を尋ねざるを得なかったのである。正月十七日に入京した幕府の弔問使長井時秀《ながいときひで》は皇嗣の件を帯びておらず、十九日に入京して道家亭に赴いた使者二階堂行義《ゆきよし》・安達義景《よしかげ》によって、承明門院《じょうめいもんいん》（後鳥羽上皇妃、源通親養女在子《ざいし》）のもとで養育されていた土御門上皇皇子の擁立が伝えられた。承明門院の養父源通親の子定通の妻が泰時の姉妹であるという関係もあった。この決定を、藤原公経や道家は快く思わなかったという。後年、道家が起請文（「九条家文書」）のなかで後鳥羽天皇皇子六条宮雅成《まさひら》親王擁立を疑われたと述べているのは、このときのことであろう。ただし、六条宮はすでに出家の身であった。二十日、二三歳の皇子は急遽元服して邦《くに》仁《ひと》と名づけられ、その日のうちに践祚した。後嵯峨天皇である。一〇日以上におよぶ天皇の空位は、これまで例がないことだった。

幕府によって新天皇が擁立されたことについて、ある公卿は「末世の至極」であり、帝位は「凡夫愚賤《ぼんふぐせん》の思う所」ではない。幕府に相談はしたものの、「凡卑《ぼんぴ》の下愚《げぐ》」が天皇を計らい立てるのは未曾有のことで、朝廷が群議の上で天皇を立てるべきだったと非難している（『平戸記』）。承久の乱後の幕府による天皇擁立は、戦後処理として仕方なかったが、今回の平時における幕府による天皇決定は許しがたいと考える貴族は少なくなかったのだろう。

新天皇擁立からわずか半年後の六月、北条泰時が亡くなった。五月ごろから下血をともなう下痢に襲われたようで、京都から医師を呼ぼうとしていたこと、重篤の報を聞いて六波羅探題の北条重時・同時盛が鎌倉に向かったことも記録に残されている。現存する『吾妻鏡』はこの年の記事を欠いているが、泰時の病や死去に関する情報は、京都にも伝えられていたので、詳しい病状と経緯が複数の公家日記に記されている。

京都では、泰時の死も後鳥羽天皇の怨霊あるいは承久の乱の張本とされた長厳《ちょうげん》僧正の怨霊の仕業ではないかと噂された（『平戸記』六月二十日・二十三日条）。延応元年（一二三九）以来続く幕府重要人物や天皇の死去が、人々を不安に陥れていたのだろう。

泰時の死を伝え聞いた公卿は「将軍の後見として政治をとること二十一か年、諸国の守護・地頭の濫妨に関する事、武士が口出しすることばかりが一日の重要な政務であった。けれども最近の朝廷の重要事は、すべて泰時の計らいどおりとなっている。性格は廉直で、道理をもっとも重視している。理想的な帝王とされる堯《ぎょう》・舜《しゅん》の再来であろう。近年は臣下の昇進だけでなく、皇位や摂関以下僧俗の人事は幕府の意向によって行われている。このようなことについて、まったく親疎を区別せず、道理を計らっており、すべての人が仰ぎみている。このような人はほかにいない。去月病のために出家したと聞いたとき、すべての人が歎いたが、遂に亡くなってしまった」と、泰時の政治を絶賛している（『経光卿記抄』）。これは後世の評価ではない。泰時の死を聞いた公卿がその日の日記に記した評価である。そのいっぽうで、体が火のように熱くなっていたという臨終の様子が伝えられると、同じような死に方をした平清盛とを重ね合わせ、「極めて重悪人の故か」という評価も飛び出している（『経光卿記抄』）。両方の評価とも泰時の存在感の大きさを物語るだろう。京都の貴族にとって、以前は三浦義村が大きな存在であったから、義村の死後、泰時の存在感が大きくなったとみることもできるし、泰時の高評価は泰時個人のみならず、泰時・時房・義村の幕府体制への評価とも受け取れるだろう。

五　寛元の政変から宝治合戦へ

1 寛元の政変

北条経時の時代

北条泰時が亡くなって、孫の経時が一八歳で執権となった。経時は前年に評定衆に加わったばかりであり、政務の経験は少なかった。北条政村・同朝直、実務官人の中原師員、有力御家人の三浦泰村らに支えられていたが、三〇代後半の彼らさえ評定衆としての経験は三・四年しかなかった。朝直は頼経の政所別当だったが、北条時房・泰時時代のような経時・朝直の両執権体制をとることはなかった。政治や裁判は、経験豊富な師員・二階堂氏・三善氏らの実務官人の能力に支えられていたといっていいだろう。

寛元元年（一二四三）正月元日の椀飯儀礼は、足利義氏が費用を負担した。時房・義村

図18 北条氏系図

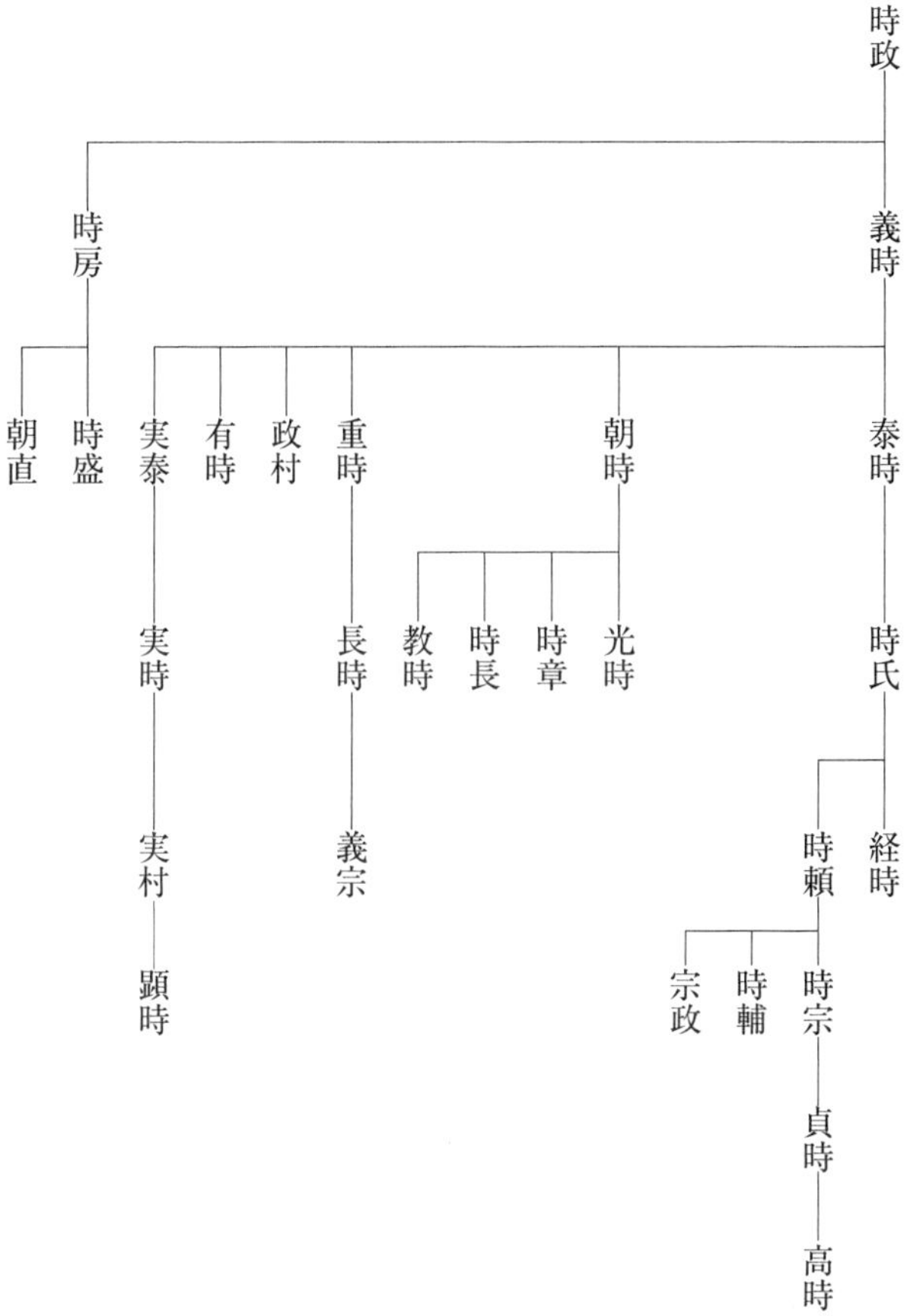
時政
義時
時房
泰時
朝時
重時
政村
有時
実泰
時盛
朝直
時氏
光時
時章
時長
教時
長時
実時
経時
時頼
義宗
実村
時宗
時輔
宗政
顕時
貞時
高時

が亡くなったことで、源氏一門として幕府内では時房と並ぶ別格の四位の位を有していた義氏が、仁治二年に初めて二日目の椀飯をつとめていた。泰時が亡くなり、義氏は出家して官職を辞したが、幕府内でもっとも高く位置づけられた。北条氏が元日の椀飯費用を負担しないのは、大江広元がつとめた建保元年（一二一三）以来、三〇年ぶりである。義氏は幕府内における地位は高かったが、源氏一門は評定衆に入らないというこれまでの慣習を守り、政務には関わらなかった。また、正月の将軍御行始も、これまでは泰時亭に赴くのが恒例だったが、この年は安達義景亭が用いられている。頼経の正妻とその子は北条政村亭に、後継者とされる若君とその母は三浦泰村亭に、それぞれ御行始を行った。若い経時が、最初から祖父泰時のすべてを引き継いだわけではないことがわかる。

実務官人に支えられた政権が最初に手をつけたのは、裁判の迅速化である。二月二十六日には、北条氏の四人と毛利季光、最下位の清原満定を除く評定衆を四・五人ずつ三番に分け、それぞれの番が月に五日ずつ裁判を担当することが定められた。五月一日も経時亭に中原師員と三浦泰村が集まり、裁判の迅速化について話し合われている。罷免された奉行人を配所から呼び戻しているのも、裁判拡充のためだろう。また、将軍御出の遅引は、供奉人の参否が不明でその度ごとに催促していることにあるとして、供奉の御家人を四九人ずつ上旬・中旬・下旬に分けて供奉に備えさせることにした。幕府法令をみても、この年以降、経時時代に出された法令は多い。経時たちが泰時時代の政治を継承して法と合議にもとづく政治を行い、頼経や御家人たちの信頼を得ることで、代替わりの不安定さを克服しようとしていた表れである。いっぽう、評定衆の上位に位置づけられている北条政村・同有時・同朝直・真昭（俗名資時）の四人が裁判にかかわっていない点は、理由を考える必要があろう。両執権体制をとらなかったことと合わせて考えると、若い経時に権力を集中させる道を選んだということなのだろう。五位の近衛将監だった経時は、七月に武蔵守に任じられ、歴代の執権同様の官職を得た。

翌寛元二年正月元日の椀飯は、経時が費用を負担した。頼経の御行始も経時亭に変更された。前年、個別に行われていた若君や御台所の御行始も頼経と一緒に行われている。執権就任後、一年半をへてようやく泰時並の立場を築くことができたといえよう。

同年四月二十一日、若君が六歳で元服し、頼嗣と名づけられた。京都で選ばれた複数の候補のなかから頼経がその名を選んだ。父頼経は八歳での元服だったし、近時の関白子息（頼嗣の従兄弟に当たる）の元服は、一〇歳と一一歳だったから、六歳の元服は、かなり早めて行われたと思われる。頼経の先例に則って藤原教定が介添え役となり、経時が理髪・

加冠をつとめた。頼嗣の任官については、父の先例を追って将軍宣旨を賜ることを予定しているというから、将軍代替わりを前提とした元服である。『吾妻鏡』は天変を理由に、頼経が思い立ったと記している。頼経はこの年二六歳であった。元服後、経時が評定衆を率いて政所に向かい、吉書始の儀礼を行った。頼嗣は二十八日に征夷大将軍、右近衛少将に任じられ、従五位上に叙された。

この元服と将軍代替わりは、関白藤原良実に相談の上で行われた。『平戸記』三月六日条に、関白から一昨日将軍のことに関する夢をみたと聞かされたと記されている。良実に仕える記主平経高は夢の詳細を記していないが、重大なことを示唆する夢だったことが書きぶりから窺える。このころから将軍代替わりについてのやりとりが関白と幕府との間で始まっていた可能性はあろう。

この代替わりは、頼経の譲りと朝廷には伝えられ、除目《じもく》の書類にもその旨が記された。この人事を聞いた京都の人は、頼嗣が六歳で将軍になったことに驚きの目を向けた。「関東の武士の案等もっとももって不審不審」（『平戸記』）と記しているから、鎌倉幕府の武士が考えて主導した代替わりとみていたようである。

将軍代替わり後、頼経は「大殿」と呼ばれた。近衛系・九条系の二つの摂関家では、現役の摂政・関白やそれに準じた地位にいる「殿」に対して、その父祖に当たる元摂政・関白を「大殿」と呼んでいた。「大殿」がそれぞれの家の家長であった。たとえば、九条流の摂関家では、道家が「大殿」と呼ばれ、子の関白良実・左大臣実経、孫の内大臣忠家の上に立つ家長であった。将軍職は代替わりしても、鎌倉殿の家の家長は頼経だったのである。『吾妻鏡』には裁判に関して、大殿頼経から三浦家村を使者として執権経時に申し入れをした記事がみえるから、頼経は政治的にも排除されていたわけではなかった。将軍は頼嗣だが、鎌倉幕府の長である鎌倉殿は頼経のままだったのである。

寛元二年八月に頼経の来春の上洛が政治日程にあがった。ただし、これは頼経の京都送還を意味するものではない。暦仁同様の里帰りの上洛であり、仁治年間にも政治日程にあがっていたが中止されていたものである。今回もまた天変地異が続き、病がはやったことで延期された。この年、三浦泰村の弟光村と千葉秀胤・伊賀光宗が評定衆に加わった。前年の経時舅宇都宮泰綱に続く光村と秀胤の就任は、評定衆における宿老御家人層の強化で、実務官人層との数的なバランスをとるためである。兄弟で評定衆を輩出しているのは、北条氏と実務官人の二階堂氏のみであったから、またひとつ三浦氏は御家人中の特別な家になった。

寛元三年五月、頼嗣（七歳）と北条経時の妹檜皮姫君《ひわだひめぎみ》（一六歳）の結婚が決まり、頼経が御所を頼嗣に譲った。子息の結婚に際して父母が邸宅を譲り渡して他所に移るのは、貴族社会では一般的なことである。これも頼経の排除を示すものではない。結婚に先立つ七月、頼経は出家した。年来の願いに加え、天変や病が重なったからだという。しかし、関白藤原良実に近い平経高の『平戸記』の五月八日条には、「関東の密使」の到着が記され、「来たる六・七月にきっと起こるであろう出来事」についての相談が行われたことが記されているから、出家の根回しが行われたと見られる。『保暦間記』が「頼嗣が幼稚なので、出家の後も政を執った」と記しているとおり、出家しても頼経の「大殿」の立場は変わらなかった。翌年二月には頼経が鎌倉殿として二所詣を行っている。幕府では、大きな混乱もなく、執権の代替わり、将軍の代替わりが行われたとみていいだろう。

寛元の政変

寛元四年の正月儀礼は、元日の椀飯費用負担は北条経時であったが、頼経・頼嗣父子の御行始は経時の弟時頼の邸宅が用いられ、御台所と若君（頼経二男）の御行始には三浦泰村亭、頼嗣母と頼嗣御台所の御行始には安達義景亭がそれぞれ用いられた。すべてを経時が担っていた前年と変化している。経時は寛元三年七月ごろから体調を崩しがちで、九月には妻（宇都宮泰綱の娘）を失っていた。そのショックもあってか、九月末には一時危篤状態に陥っているから、寛元四年正月の幕府儀礼の変化は、経時の体調によるものであり、弟時頼による地位の継承も、ある程度見据えてのことだったと思われる。

正月末には、後嵯峨天皇から後深草天皇への譲位があり、予定されていた頼経の上洛は再度延期された。三月下旬になると、経時の病は一段と重くなり、二十三日、経時亭で「深秘の沙汰」が開かれて、弟時頼（二〇歳）に執権職が譲られると決まった。経時には二人の子息がいたが、まだ幼かったために、弟に譲ったという。執権の地位は「上の御計らい」すなわち鎌倉殿頼経によって時頼が任命される形をとったが、譲与は経時の意志によるものだった。二十六日には時頼が執権として初めての評定を開いている。時頼は評定衆を経ずに執権に就任したことになる。経時は四月十九日に出家し、閏四月一日に二三歳で亡くなった。

泰時から経時への代替わりは混乱なく行われたが、今回の経時から時頼への交替は鎌倉に大きな混乱をもたらした。寛元の政変あるいは宮騒動と呼ばれる事件の勃発である。まずは『吾妻鏡』にもとづいて事件の推移をみておこう。

五月二十四日、鎌倉では戦乱を逃れ荷物を運び出そうとする人々で混乱するなか、時頼は辻々を武士に警備させたが、頼経の御所に向かう御家人たちと時頼亭に集まろうとする御家人たちとで騒然となっていた。巷では、北条朝時の子光時の逆心が発覚したとの噂が飛び交った。光時は近習番《きんじゅうばん》の筆頭に位置づけられる頼経の近臣である（嘉禎三年三月八日条）。

五月二十五日、なお騒ぎは収まらず、時頼亭では武士が怠りなく四面を固めていた。朝早く藤原定員が頼経の使いと称して時頼亭を訪ねたが、殿中に入れてはならないという命を受けていた家人に拒まれた。また、北条光時が御所に宿直していたところを自身の家人に呼び出され退出した。光時は御所には戻らずに出家し、髻《もとどり》が時頼のもとに届けられた。これは時頼追討を誓う連署の起請文を書いた張本が名越流北条氏のなかにいるという噂が流れたために出家したのだという。弟の時章・時長・時兼は野心なきことを弁明したので、何事もなかった。その後、藤原定員がこのことに関わって出家し、身柄を安達義景に預けられた。定員の子息定範も縁座した。

五月二十六日、時頼亭に北条政村・同実時・安達義景が集まり、内々の相談が行われた。六月六日、深夜に三浦家村が時頼家人の蓮仏（諏訪盛重）のもとを訪れ、何事かを相談した。蓮仏はその内容を時頼に伝え、家村を残したまま頼経御所に参入することを二三度繰り返した。明け方、家村は帰っていった。

六月七日、後藤基綱・藤原為佐・千葉秀胤・三善康持の四人が評定衆を解任され、康持は問注所執事の職も罷免された。

六月十日、時頼亭でふたたび「深秘の沙汰」が行われた。出席者は時頼・政村・実時・安達義景に、今回は三浦泰村が加わった。隔心のない泰村には考えを伝えた方がいいだろうとの理由からである。

六月十三日、出家した光時が伊豆国江間に配流され、千葉秀胤は上総国に追われた。

六月二十七日、頼経が上洛のために北条時盛亭に移り、七月十一日、頼経が京都に向けて出発、二十八日に到着した。なお、事件発覚以降、『吾妻鏡』は頼経を「大殿」とは呼ばず、「入道大納言家」と呼んでいる。鎌倉殿の家の家長とは認められなくなったからだろう。

この事件について、参議藤原定嗣の『葉黄記』六月六日条には、関東の飛脚が到着し、頼経御所が固められ、頼経近習の定員が召し籠められ、北条光時が出家の上、伊豆国に配流され、弟時幸は自害し、秀胤は上総国に追われたことが記され、これらが時頼による処置であろうとの推測が載せられている。『吾妻鏡』五月二十五日条の光時出家と定員拘束の情報が京都に伝えられたものであるが、『吾妻鏡』六月十三日条に記されている光時・秀胤に対する処罰が、この六日条に記されているわけであるから、この処罰は五月末にはすでに行われていたのだろう。

また、前関白太政大臣藤原兼経の日記『岡屋関白記』六月九日条には、関東で起こった事件は、頼経が謀察を廻らして武士たちに命じて時頼を討とうとし、また調伏の祈りを行ったことが発覚しての騒動であったこと、定員が捕まり、拷問を受けて白状したこと、定員の子はこの事件に関する書状を焼いて自殺したこと、頼経は幽閉され、使者を通わすことすらできず、京都の道家は恐れを抱いているだろうことが記されている。さらに同記の六月十六日条には、武士たちが憤り、頼経の追放が来月行われることを記した後、この騒動に関する噂として、頼経が父道家と示し合わせてはかりごとを廻らし、武士を誘って故泰時の子を討とうとし、経時を呪詛したために、経時は早世したこと、頼経の腹心である定員への尋問からすべてが露顕したと記している。

いっぽう、事件への関与を疑われた道家は、六月十日・二十六日に起請文を書き、神仏に対して同意の事実がないことを誓い、七月十六日には願文を氏神春日社に納めている（「九条家文書」）。しかし、信憑性の高い宝治合戦時の三浦光村の発言によれば、道家から光村に対して何らかの誘いかけがあったようであり（『吾妻鏡』宝治元年六月八日条）、道家がまったくの無関係だったとはいいきれない。結局道家は籠居し、重要事項の関東申次は藤原（西園寺）実氏に交替した。

これらの情報を総合すると、寛元の政変とは、頼経とその側近が、執権就任間もない時頼を除こうとした事件で、時頼の後釜として誘われたのが北条一門名越流の北条光時であった。三浦氏も謀反への関与を疑われたが、泰村が弟家村を時頼側近に遣わして関与していないことを弁明し、それは頼経にも確認をとって証明された。ふたたび信頼を得た泰村も加えた「深秘の沙汰」で、頼経の京都送還を含む事件の処理が行われたということなのだろう。九月一日にも時頼は泰村を招き、政務の眼目について相談し、六波羅探題の北条重時を相談役として鎌倉に呼び戻すことについても意見を聞いている。寛元の政変によって、北条氏と三浦氏との関係が壊れることはなかった。

頼経と三浦光村

寛元四年（一二四六）七月二十八日に頼経一行が京都に到着してから半月後、頼経を送っていった北条時定らが鎌倉に戻り、京都到着の様子を伝えた。『吾妻鏡』のこの記事は、到着の日時・経路、供奉人の出立日までは記録にもとづいて事実を淡々と記すが、途中から突然文章のトーンが変わり、「ところが、三浦光村は御簾の近くに残り、数刻退出せずにたくさんの涙を流した。これは二〇年以上近くに仕えた名残を思ってのことだろうか。その後、光村は人々に話した。きっと今一度鎌倉にお連れしたい」と記す。

このことについては、宝治元年（一二四七）五月二十八日条でも、「頼経帰洛のことは、まったく三浦一族の考えとは相容れないものであった。日を逐うにつれ、頼経を恋しいと思う気持ちが募ったのであろうか。なかでも三浦光村は幼少より側近くに仕え、毎夜御前で眠り、起きては座右に退き、ともに遊んだ。事に触れて懐かしむ思いを禁じ得ない上に、密々に命令を承ることがあったのである」と記す。

光村が頼経の幼少時から近習番の一人だったことは事実である（貞応二年十月十三日・嘉禎三年三月八日条）。検非違使として在京していたときには、頼経の外祖父藤原公経から賀茂祭に着る華やかな装束を賜ったり（『民経記』天福元年四月二十三日条）、邸宅に招かれて歓待を受け（『明月記』同年五月二十六日条）、また幕府の使者として道家のもとを訪れていることも知られている（『玉蘂』文暦二年四月九日条）。しかし、『吾妻鏡』はこれ以前に頼経と光村との具体的な交遊をほとんど記していない。頼経主催の和歌会・管絃会の参加者の一人に名を連ねている記事が散見される程度である。

ここに記された当事者しか知り得ないはずの「密々」のことや、光村の心のなかにまで踏み込んでいる記述は、とても記録類にもとづく記事とは考えられない。一連の頼経と光村のやりとりは、その後に起きる宝治合戦に関する『吾妻鏡』の語り口、ストーリー展開に合わせて挿入された創作と考えざるを得ないだろう。

2 宝治合戦

公家日記からみた宝治合戦

寛元の政変から一年後の宝治元年（一二四七）六月五日、鎌倉を戦場とした大きな内乱事件である宝治合戦が起きた。まずはこの事件が幕府の公式見解として京都にどう伝えられたのかをみておきたい。

関東申次の一人として朝幕関係に重要な地位を占めていた藤原定嗣の『葉黄記』では、六月六日条に鎌倉の異変を知らせる第一報が届いている。「夜になって六波羅探題のあたりが騒がしいという噂があった。そこで後嵯峨上皇御所に帰参した。六波羅探題北条重時の子息長時が将軍室家の死去のために先月鎌倉に下向していた。やや不審なことがあり、まず事情を父重時に伝えた。飛脚は三日に鎌倉を発ち、今日着いた。重時ははっきりとしたことをいわなかったが、ただ用心することが起きたといったらしい」というのがその記事である。次の情報は九日にもたらされた。「世の中が騒がしかったので、上皇御所に飛んで行った。鎌倉から飛脚が到着し、重時が事情を報告した。去る五日に三浦泰村が蜂起した。そこで時頼は将軍のもとに駆けつけるとともに、討手を遣わし合戦となった。また放たれた火にあおられて泰村は退却し、頼朝の墓所堂に入って自害した。合戦は巳から未の六時間におよんで勝敗が決した。泰村・光村以下の三浦一族はことごとく討たれた。自害した者の総数は三〇〇人におよんだ。毛利季光は日頃は時頼方であったが、結局は泰村に同意して同じく討たれた。去年以後泰村の威勢が目立つようになり、今このようになった。日頃からいろいろな噂が飛び交っていて、信用するに足りなかったが、果たしてこのようになった」とある。これは鎌倉からの使者が六波羅探題北条重時に報告し、重時から後嵯峨上皇に報告された内容である。威勢を誇っていた三浦泰村が鎌倉で挙兵し、将軍を擁する時頼方が討手を差し向けて合戦となった。合戦は六時間におよんだものの、三浦一族は敗れ、頼朝の墓所堂で三〇〇人が自害した。毛利季光も泰村に同意して討たれた。以上が事件についての幕府による説明である。

公家日記を原史料とする編纂物『百錬抄』にも記事があるが、この『葉黄記』の情報の域を出るものではない。

『吾妻鏡』が語る宝治合戦までの動き

では、この事件を『吾妻鏡』がどのように記しているかをみていこう。

宝治元年（一二四七）正月二十七日の羽蟻《はあり》の群飛、三月十一日の由比ヶ浜の赤潮、同十七日の黄蝶の群飛を記している。十七日条では黄蝶の群飛を「兵革《へいかく》の兆《きざ》し」とし、「東国の兵乱」の予測にまで言及している。それぞれの出来事は事実であっても、その後起きた宝治合戦を踏まえて『吾妻鏡』編纂のさいに採用され、配置された記事である。

ⓐ四月四日に覚地《かくじ》（俗名安達景盛）が高野山から鎌倉に戻り、十一日条には覚地が連日時頼亭を訪れ、ことにこの日は長居して内々の相談をしたこと、子息義景・孫泰盛を戒めたことと記す。その戒めとは、三浦一族が今や武門に秀で傍若無人であり、後の世には安達氏は太刀打ちできなくなるであろうから、思慮を廻らして武備につとめるようにとの内容であった。二十八日には安達義景が特別な願によって愛染《あいぜん》明王を造立し、秘法を修した。

ⓑ五月六日、三浦泰村の子駒石丸が時頼の養子となることが約束された。十三日、時頼妹である頼嗣御台所が亡くなり、軽服のため時頼は三浦泰村亭に渡御した。

ⓒ五月十八日、夕方西から東に向かう光り物があった。そのとき安達義景の甘縄《あまなわ》の家に白旗一流が出現したのをみた人がいる。二十一日、鶴岡八幡宮の鳥居前に札が立てられていた。そこには、三浦義村はおごり高ぶり、厳命に背いたので、誅伐を加えると決まった。よくよく謹慎するように、と書かれていた。二十六日、土方《ひじかた》右衛門次郎という者が行方をくらました。これは三浦泰村に内通していた者である。ところが、一通の願書をある神社に奉納していたことを偶然にも時頼が知った。そこには三浦一族の反逆に与《くみ》するつもりはない。神様どうかお力を与えて身の安全を図ってくださいと書かれていた。

ⓑ二十七日、時頼は泰村亭に寄宿していた。この日三浦一族が群集していた様子だったが、時頼の御前に祇候することはなかった。外見は宴会のための準備だったが、実はほかの準備をしていることが明らかであった。夜になって鎧・腹巻の音が時頼の耳に響いた。これまで時頼は方々からの報告を信用しなかったが、その情報と符合したので、急に泰村亭を出て帰宅した。泰村は驚き、内々に時頼に詫びた。二十八日、時頼は使いを泰村や親類・郎従のあたりに遣わして様子を探らせたところ、それぞれ兵具を家のなかに整えており、それればかりか安房・上総などの所領から船で甲冑のようなものが運ばれたことが報告された。

ⓒ二十九日、泰村の弟資村が、十一日に陸奥国津軽で死人のような大魚が流れ着いたこと、陸奥の海も真っ赤だったことを、時頼に報告した。

ⓑ六月一日、時頼は佐々木氏信を使者として泰村に命じ遣わした。人はその内容を知らなかった。氏信は泰村亭の武具を怪しみ、郎従に邸宅内を窺わせたところ、厩侍には一二〇〜三〇合の鎧唐櫃《よろいからびつ》があった。氏信は泰村に面会して仰せを伝え、泰村の思いを聞いた。氏信は時頼に返事を伝え、泰村亭の様子を時頼家臣に伝えたので、時頼亭の用心は厳重になった。

四月から六月一日に至る動きを時系列で記し、内容に応じてⓐⓑⓒの符号を付した。ⓐは安達氏独自の動きを記した記事、ⓑは北条氏と三浦氏の交渉に関する記事、ⓒは正月以来の変異の霊示や神意を示すかのような記事である。ⓐの記事はあまりに突飛で、父子三代の密談に関しては、原史料や情報源がまったく特定できない。ⓒの記事は、正月・三月の記事同様、宝治合戦に帰結させるように効果的に配列されていることがわかるだろう。そのなかにはⓐの安達氏の動きと連動させている五月十八日条のような記事もある。ⓑの記事とても、宝治合戦を前提とした脚色がちりばめられていそうである。ここに掲出した日条のすべてに天候記載や時刻の記載がない。天候記載や時刻の記載は原史料が日記などの記録類である一つの証拠であるから、これらの記事が信頼できる原史料によっているのかという疑念が生じてくる。

六月二日条に「近国の御家人たちが南北から鎌倉にやって来て、雲霞の如く時頼亭の四面を取り囲んだ。相模国の住人は皆南に陣を張り、武蔵・駿河・伊豆国以下の連中は東西北の三方を囲んだ。四門を閉ざし、容易く押し入る者はいなかった。また雑役の車を集めて辻々に並べて警固した」と、ようやく事実のみを記す記事が登場する。この記事は、三日に鎌倉を発った飛脚が六日に京都に到着して伝えた鎌倉の不穏な状況（『葉黄記』）と一致する。『吾妻鏡』の二日条はこれに続けて、三浦氏のなかでも、北条時氏の同母弟で、時頼によっては叔父に当たる光盛・盛時・時連が時頼亭に駆けつけたことを記す。

『吾妻鏡』が描く宝治合戦

これまでに取り上げた『吾妻鏡』の宝治元年正月から六月二日までの関連記事すべてに天候記載がない。もちろん転写・伝来の過程で天候部分が省略された可能性も否定できないが、天候記載を必須とする日記ではない史料を原史料としているか、原史料そのものがないままに記事が作成された可能性すらある。

『吾妻鏡』の記事が天候記載をともなうのは、六月三日条からである。合戦について記す八日までの大半に天候記載があるから、この部分は何らかの記録をベースに記事が作成されているとみていい。想定される原史料としては、奉行人の日記と、事件後に関係者の証言をもとに作成された実検記のような記録である。ただし、複数の場所での出来事が同時進行で書かれているから、複数の原史料が組み合わされていると考えなくてはならないだろう。

まず三日条は、二つの記事から構成されている。ひとつは時頼が如意輪観音を本尊とする秘法を行わせたことを記す。天候記載はこの記事の原史料にともなうもののようである。もう一つは泰村亭の南庭に立てられた落書を破却した泰村が、時頼に野心がないことを弁明し、時頼は、泰村のもとに集まった郎従たちを帰すかどうかは泰村に任せると返信している記事である。記事の最後にある「およそ去月の夜中に時頼が泰村亭を出て屋敷にお帰りになって以来、泰村はこれを歎き、一日中心を悩ませ眠ることも食べることもできなかった」というコメントは、事件後に聴取された泰村妻の証言を元にした『吾妻鏡』編者の作文であるが、泰村と時頼とのやりとり自体は、時頼側関係者の証言で実検記に記録することはできるから、ある程度信頼してよさそうである。

四日条は、鎌倉に集まった三浦方・時頼方双方の武士に対して時頼から退散するように命令が出されたこと、泰村の妹婿に当たる関政泰が常陸国に帰る途中から鎌倉に戻ったこと、泰村の妹である毛利季光の妻が泰村亭に赴き、夫を味方させると語ったことを記す。最後の季光妻の記事には「子《ね》の刻」という具体的な時刻表記があるから、これも事件後に季光妻から事情聴取したさいの記録を含む実検記による記事だろう。

六月五日が合戦当日である。長文のこの日の記事はいくつかの場面が描かれている。そのすべてを一人の人物がみて記録するのは不可能であるから、それぞれ異なる原史料を組み合わせて記事を構成していると思われるが、なかには原史料が想定できない記述もある。まずは「天晴る。辰《たつ》の刻小雨そそぐ」という天候記載があり、数ある原史料の一つに日記があったことを窺わせる。最初の記事は、①時頼が被官の万年《まんねん》馬入道を泰村の元に遣わし、郎従らの騒動を鎮めるように命じ、次に入道盛阿に書状をもたせ、泰時を討つ意志がないこと、泰村も異心をもたないで欲しいと伝えた。泰村はこれに喜んだ。盛阿が帰った後、妻が湯漬けを持ってきたが、一口口にすると戻してしまった。ここまでは事件後の時頼被官や泰村妻の証言記録を原史料とすることが可能である。

②覚地（安達景盛）は、時頼が泰村に使者を派遣したと聞くと、子の義景、孫の泰盛を呼び、北条氏と三浦氏との間に和平が成立すると、安達氏が禍《わざわい》に遭うことになるだろう

から、今朝雌雄を決すべく挙兵すべきだと諭した。そこで安達氏の軍勢が甘縄亭を出発し、盛阿が時頼亭に戻る前に鶴岡八幡宮付近で合戦を始めた。この安達氏父子のやりとりは、正月以来の記事同様に怪しい。覚地は挙兵が頼嗣や時頼の意志に背くものであること、挙兵の理由に大儀や正当性はなく、まったくの私利私欲であると述べているわけであるから、事件後に発せられた実際の証言とは思えない。これが事実であれば、宝治合戦は安達氏の謀反事件であり、安達氏が鎮圧の対象とならなくてはならない。六波羅探題を通じて朝廷に伝えられた宝治合戦についての幕府の公式見解とも大きく異なっており、どう考えても、のちに創作された記事である。

③そのあとは、合戦の具体的な様子や時頼の対応を載せる。合戦の様子は、戦後に武士たちが恩賞をもらうために自らの軍功を申請したさいの書類や聞き取りをまとめた報告書にもとづく記事である。ただし、合戦場面によく用いられる「矢石を発す」「身命を忘る」などの表現や、文章を飾るときに使われる不読助字「矣」があるから、編者の手がかなり加わっていそうである。

④時頼方として御所に向かおうとする西阿《せいあ》（毛利季光）を妻が留め、泰村方につかせる場面である。続いて万年馬入道が時頼亭に駆けつけ、西阿が敵陣に加わったことを告げ、

午《うま》の刻に時頼が御所に行って相談した話を載せる。「巳《み》の刻」「午の刻」という時刻表記をともなっており、事件後に西阿妻などの関係者から事情を聞いた際の記録にもとづくとみられる。

⑤泰村亭に火がかけられた。永福寺にいた光村から泰村に使者が遣わされ、頼朝の法華堂に移動することが決まり、三浦一族と与同人ら五〇〇人余りは法華堂で自害した。光村と泰村のやりとりは原史料が特定できないから創作の可能性があるが、法華堂での様子は、原史料を特定できる。二日後の八日に法華堂に奉仕する僧侶が召し出された。この僧が仏前にいたところ、三浦一族が堂内に入ってきたので、慌てて天井裏に隠れ、そこから人々の会話を見聞きしていたという。八日条には、中原盛時が記した尋問記録が掲載されている。不読助字などの文飾が多少施されているが、泰村や光村の生の声を伝える記録として貴重なものである。

それによると、光村は強い調子で、「頼経様のときに、道家様の内々の仰せどおりに、すぐに行動していたならば、幕府の権力を握ることは間違いなかっただろうに、心ならずも、泰村が躊躇《ちゅうちょ》したために、今、愛する子と離れればなれになる悲しみだけでなく、永く三浦の家を滅亡させる恨みを残すことになってしまった。後悔してもしきれない」と語り、

図19　三浦一族の墓とされるやぐら（神奈川県鎌倉市）

自ら刀を手にして顔を削り、まだ自分だと見分けることができるかと、まわりの人々に尋ねた。その流血が頼朝の御影を汚した。そればかりか、堂に火をかけ、遺体を隠そうとした。「これは不忠の極みである」と、泰村がしきりに止めたので、このときには火災にならなかった。いっぽう泰村は、落ち着いた様子で、「数代の勲功を思い、この罪は許されるであろう。義明以来四代の家長として、また北条殿の外戚として、内外のことを補佐してきたのに、一度の讒言《ざんげん》によって、多年の親しみを忘れ、たちまちに誅伐の恥辱を与えられることになった。恨みと悲しみが入り混じっている。後日、きっとあれこれと考えることがおありだろう。これは、父義村が一族や他氏を多く滅ぼした罪科の結果であろうか。今冥途に赴く身として、北条殿を恨んではいけない」と、涙を流して語った。その声は震えて、言葉はよく聞き取れなかった。

こうして『吾妻鏡』の記事を分析すると、安達氏が主導して三浦氏を討とうとしたという話は虚構であり、時頼と泰村との間では、最後まで和平交渉が重ねられていたが、和平を望む泰村の意に反して、三浦一族内の好戦派勢力に引きずられる形で挙兵に至ったというのが実像であろう。

北条義時・三浦義村以来、数十年にわたった北条氏と三浦氏の盟友関係はここに終わった。しかし、その結果は、時頼・泰村という両家の当主が望んだことではなかった。北条氏と三浦氏の対決は、数十年の歴史のなかで、宝治元年六月五日の一日だけ、しかも、たった六時間に過ぎなかった。

3 宝治合戦と東国武士

宝治合戦の三浦方

宝治元年六月五日の合戦直後に、時頼から京都の六波羅探題北条重時に二通の文書が出された。三浦一族がこの日の巳《み》の刻に挙兵したが鎮圧したことを後嵯峨上皇に伝えるようにとの内容の一通と、西国御家人が鎌倉に駆けつけることがないように伝えて欲しいとの内容の文書である。六日以降は、与党人の捜索・逮捕、子女の処分が行われ、七日に上総国では千葉秀胤が討たれている。また、合戦の勲功を申請する文書数十通が提出され、時頼がみて花押を据えて返却した。これらの申請文書を書き留めた書類は『吾妻鏡』合戦記事の編纂にも利用されたものとみられる。泰村の妻からは、時頼が泰時に出した書状が返却された。幕府政所執事の二階堂行盛が謀反人の所領を書き上げ、二十二日には合戦で討たれた者の名簿が作成されている。その名簿から、三浦方に与《くみ》した人々をみておこう。

まずは三浦泰村・光村らの兄弟とその子息たちである。なかには駒石丸・駒王丸などの元服前の子どもの名もみえる。幼い子どもは妻女とともに預けられているから、ここに名が載せられている子どもは元服前ながらも戦闘能力がある年齢の子どもなのだろう。

次に泰村と姻戚関係にある毛利季光父子、承久の乱で討たれた三浦胤義の子息の名や和田合戦で討たれた和田氏一族の名がある。和田合戦や承久の乱の罪を許され、生き残った謀反人の子弟は、同じ三浦一族の泰村らに庇護されていたのだろう。

三浦義澄の弟佐原義連を祖とする佐原系の三浦一族では、義連の子家連・政連の系統が三浦方についた。義連の子盛連は、北条時氏を産んだ三浦義村娘を妻としており、時氏の異母弟三人の含む盛連子息たちは北条方に味方している。さらに多々良・石田・平塚などの一族や三浦氏の被官化していた長江氏の名もある。

三浦一族以外では、姻戚関係にある常陸国の関氏と上総国の千葉氏の一流のほかにも、佐貫・稲毛・臼井・大須賀・印東などの房総の御家人、宇都宮美作前司時綱・春日部甲斐前司実景という侍受領クラスの北関東の御家人もおり、東国の広い範囲の武士が三浦氏のもとに集まっていたことがわかる。ただし、建保元年（一二一三）の泉親平の謀反事件から和田合戦につながる事件に与同していた人々の範囲や規模の比べると限定的である。建保元年の事件が世代間対立に始まる幕府内の大きな矛盾と北条義時に対する不満から発し、和田義盛が旗頭となっていたのに対して、今回の事件にはそうした背景がなく、三浦氏の当主泰村が消極的で求心力に乏しかったからだろう。注目すべき点があるとすれば、武士以外に京都から下ってきていた諸大夫・侍層の名が何人もみえることである。彼らと三浦氏のつながりが深かったであろうことと、藤原頼経を主謀者とする寛元の政変の余波という事件の性格があった。

また、三浦泰村妻の兄に当たる鶴岡八幡宮別当定親（源通親息）は、事件に縁座して別当職を解任され、供僧四人とともに京都に戻った。次の鶴岡別当には北条時頼が帰依する隆弁《りゅうべん》が就任し、空席が生じた供僧に自身の門弟を任命した（『鶴岡八幡宮寺社務職次第』）。隆弁は以後四〇年近く別当職にあって、北条時頼、その子時宗を宗教の面から支えた。隆弁の次の別当は北条氏出身の頼助・政助が続く。宝治合戦は、鎌倉における仏教界の図式を大きく塗り替える結果にもなったのである。

宝治合戦のひと月後に六波羅探題の北条重時が鎌倉に戻って執権に就任し、時頼・重時の両執権体制がつくられた。北条時房・泰時時代以来、八年ぶりの体制である。康元元年（一二五六）に時頼が出家するまでの九年間この体制が続くことになる。

佐原系三浦氏の動き

三浦一族のなかにあって、北条時頼の叔父に当たる佐原光盛・盛時・時連とその兄弟は、合戦前に時頼亭に駆けつけ、北条氏に味方した。三浦泰村・光村らの系統や他の佐原氏の系統が宝治合戦で滅んだ後も、この佐原盛連子孫の系統が残ることになった。

宝治合戦から二ヵ月後の『吾妻鏡』宝治元年八月十四日条には相模国一宮に神馬等を納める使者として「三浦六郎兵衛尉時連」の名がみえる。宝治合戦以前の時連は、「佐原六郎兵衛尉」、もしくは父が遠江守であったことから「遠江六郎兵衛尉」と称されていた。それが「三浦」を称しているのである。また盛時も「三浦五郎左衛門尉」と呼ばれている（十一月十五日条）。盛時は将軍随兵の名簿で波多野義重の下位に名を記されたことについて「当家は代々いまだに超越される遺恨を経験したことがないのに、義重の名の下に記されたので面目を失ってしまった」と述べている。この「当家」とは、佐原系のみならず、三浦泰村・光村兄弟を含む「三浦の家」である。そして、この年の十二月には盛時が「三浦介」を称している。盛連子息のうち、盛時が「三浦の家」の継承者として、幕府から認知されたとみていい。これは名目だけの「三浦介」ではない。建長四年（一二五二）の将軍宗尊親王《むねたかしんのう》下向のさいには、相模国衙所在地である大磯宿での饗応を三浦介盛時が担当し

図20　佐原系三浦氏系図

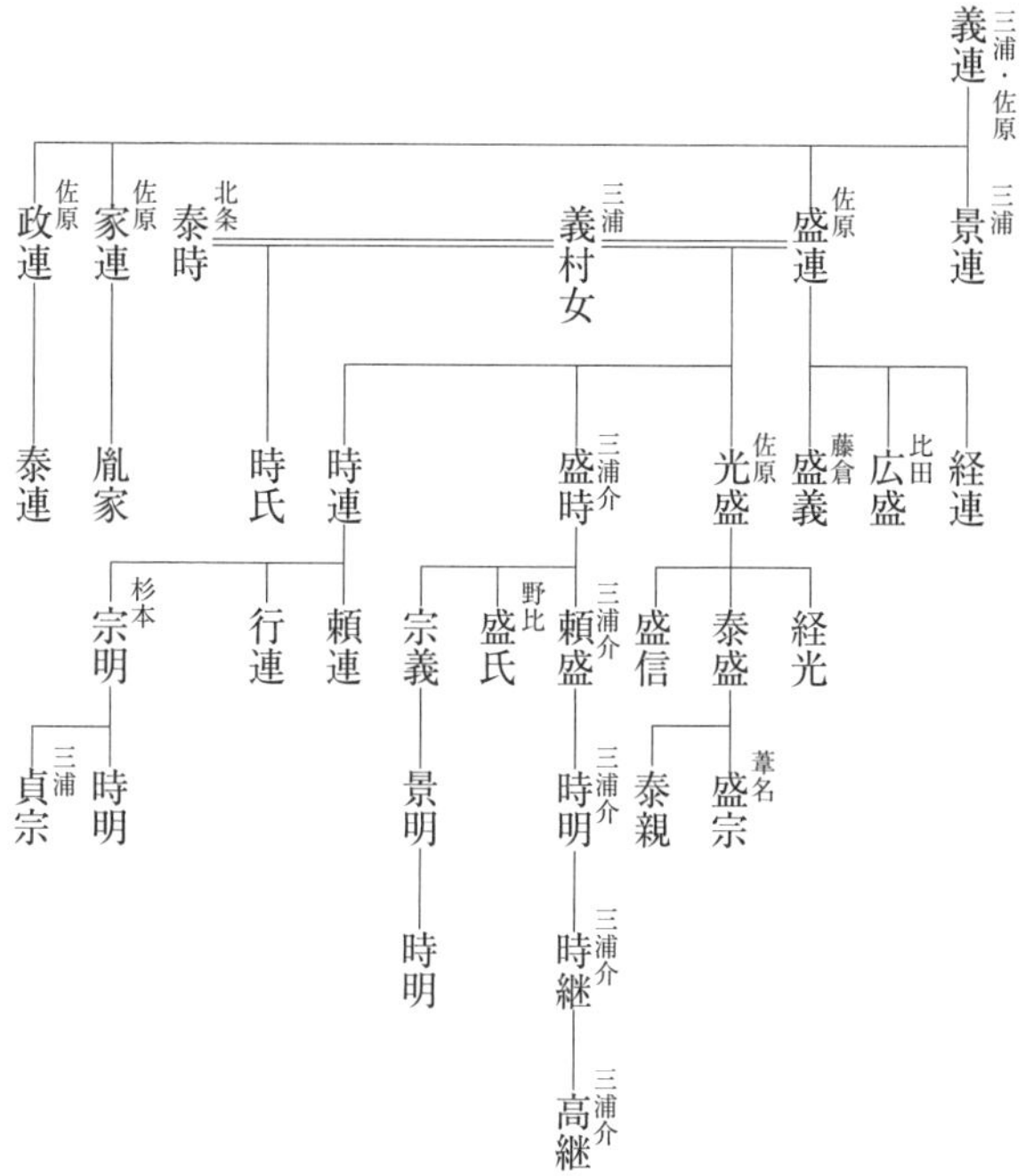

ているから（『宗尊親王関東下向記』）、実質的にも国衙に対する権限を引き継いだと考えられる。

義明・義澄・義村と続き、泰村で断絶したかにみえた「三浦介の家」は、北条方について宝治合戦後も生き延びた佐原系三浦氏によって継承された。光盛・盛時・時連の三兄弟は、北条時頼が出家したときに、そのあとを追って出家する（『吾妻鏡』康元元年十一月二十三日条）。北条氏と三浦氏との一体的な関係は、宝治合戦をへてもなお続くのである。

エピローグ

得宗専制体制への道

北条時頼の時代

宝治合戦直後の宝治元年（一二四七）六月二十六日、内々の寄合が開かれた。時頼・政村・実時の北条氏三人と安達義景（時頼の母方の伯父）、事務方として時頼被官の蓮仏（諏訪盛重）が参加している。この顔ぶれが宝治合戦後の政権の中枢メンバーとみていい。この会議で確認されたのは、「公家《こうけ》の事」、すなわち後嵯峨上皇・後深草天皇を中心とする朝廷を尊敬し、重視しようという政治方針である。寛元の政変や宝治合戦によって、朝廷を主導し、幕府との窓口の一人であった藤原道家（頼経の父）が失脚するなど、朝幕関係に混乱があったことから、朝廷を軽視しかねない状況を抑えて、幕府が「治天の君」を中心とする枠組みのなかにあることを再確認するものだった。翌日には合戦後初めての評定が開かれ、新たな構成員を含む座席順が決められた。また、この日に鶴岡八幡宮の新別当隆弁の任命が行われている。幕府の新体制のスタートである。引き続き、さまざまな戦後処理が行われた。

七月十七日、六波羅探題だった北条重時が鎌倉に下向し、代わって重時の子息長時が上洛した。『吾妻鏡』は二十七日に重時が連署に就任したと記しているが、七月十九日づけの幕府発給文書に重時・時頼の連署がみられるから（「崎山文書」）、実際の就任は下向直後だったのだろう。宝治合戦前に三浦泰村が難色を示したことで先延ばしにされた重時の執権就任が実現されたのである。

翌宝治二年正月の椀飯儀礼は、前年と同じく一日に時頼が費用負担し、将軍頼嗣の御行始も時頼亭が用いられている。重時下向後も二一歳の若い時頼が幕府のリーダーであった。時頼の政治は徳政（徳のある政治）を志向し、裁判の円滑化に取り組んだ。

建長三年（一二五一）、一三歳の将軍頼嗣が従三位に叙され、三位中将となった。この頼嗣の公達としての経歴は、この時点では摂関家の庶子家でもある鎌倉殿の家の家格を一応維持していた。しかし、年末になると、鎌倉で謀反事件が発覚し、千葉氏出身の僧了行《りょうぎょう》（『武家年代記』裏書は三浦氏出身と記す）らが逮捕された。千葉氏の一流は宝治合戦にも関与していたから、寛元の政変、宝治合戦に続く事件で、謀反事件の一因は、頼嗣の存在にあるとみられたのであろう。新将軍の擁立が図られることになる。

新将軍に擁立される宗尊親王《むねたかしんのう》（後嵯峨上皇の皇子）の元服が建長四年正月八日に行われている。皇子は社会的地位の変動が予定されると元服することが多いから、前年末には幕府と後嵯峨上皇との間で、皇子東下の交渉が成立していたと思われる。鎌倉殿の家の家格を高めるには、皇族将軍の実現しかない。承久の乱前の後鳥羽院政下では実現不可能だったが、幕府によって天皇に立てられた後嵯峨上皇のもとで初めて実現可能となった。宗尊親王は三月十九日に京都を進発し、四月一日に鎌倉に到着した。いっぽう、頼嗣は三月二十一日に御所を出て、四月三日に京都に向かった。

宗尊親王を迎え、御所に先導する随兵の先頭には、三浦介盛時が騎馬し、宗尊の輿の前を進む狩衣・弓箭の供奉人のなかに佐原光盛がいた。四月十四日には宗尊親王が初めて鶴岡八幡宮に参詣した。以後、宗尊の御出は、「親王行啓」の形で行われることになる。

建長元年（一二四九）に三浦介盛時に対して、幕府は次のような内容の関東御教書を出している（「宇都宮氏家蔵文書」）。

御公事に関する事。遠江前司盛連跡については、次郎左衛門尉光盛の分配とするよう

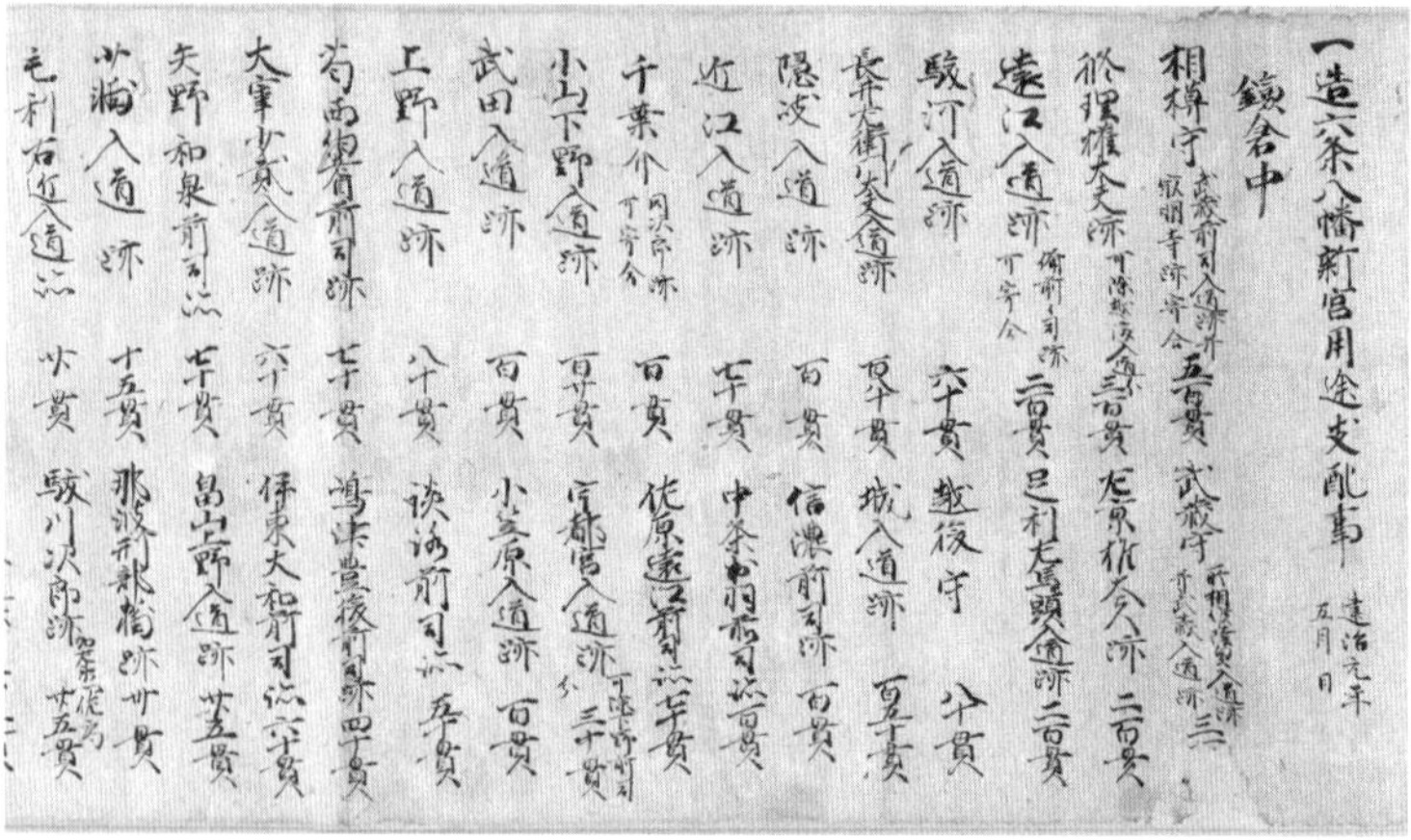

図21　六条八幡宮造営注文（国立歴史民俗博物館所蔵）

にと定め下されました。兄弟たちが新たに賜った相模国の所々については盛時が所領規模に応じて分配しなさい。今後は盛連跡まとめてつとめるようにしなさい。仰せによって伝えます。

幕府から盛連跡という形で賦課された経済的負担（関東御公事）は、長兄の光盛が遺産相続者に対して賦課を配分して徴収すること、兄弟が新恩所領として得た相模国内の所領については、盛時が相模国の「大介」の立場で配分するようにという命令である。盛連の嫡子としてその家を継承する光盛と、泰村の「三浦介」の地位を継承し相模国の国衙雑事を総括する盛時の両者を立てた形になっている。

建治元年（一二七五）の「六条八幡宮造営用途注文」によれば、「佐原遠江前司跡」は北条氏などの有力御家人同様、「鎌倉中」に分類されており、負担額は七〇貫文（銭七万枚分）だった。盛連跡の負担額は、執権北条時宗の五〇〇貫文や北条時房跡の三〇〇貫文とは比べものにならないが、「鎌倉中」の平均四〇貫文より多い。相模国に分類されている御家人の平均が約五・七五貫文で、最高額が二〇貫文にすぎないことを考えると、佐原系三浦氏がなおも有力御家人であったことがわかる。

盛時の兄弟は「遠江次郎左衛門尉光盛」「遠江六郎兵衛尉時連」を称している。侍受領である遠江守盛連の子であることを主張する名乗りである。建長二年八月の将軍藤原頼嗣の由比浦逍遙《しょうよう》の行列では、将軍の御後の列する五位に続き、六位の侍の筆頭に左衛門尉光盛が、三番目に三浦介盛時が列している。以後の行列でも佐原氏は衛府の尉クラスの侍の筆頭あるいは上位に位置づけられている。

光盛はのちに遠江守に任官し侍受領となった。宝治合戦後の佐原系の家は有力御家人ではあったものの、侍受領あるいは衛府の尉の侍の家であり、泰村時代の諸大夫としての三浦の家が継承されることはなかった。

執権と得宗

康元元年（一二五六）三月、北条重時が五九歳で執権を辞して出家した。重時の子長時（二八歳）は六波羅から鎌倉に戻り、重時に代わる執権には政村（五二歳）が就任した。それにともない、建長元年に創設されていた引付衆《ひきつけしゅう》（訴訟機関）の組み替えも行われた。八月になると赤斑瘡《あかもがさ》が流行し、時頼も罹患した。京都では八月・九月に前将軍の頼経・頼嗣が相次いで亡くなっている。十一月二十三日、時頼は執権を長時に譲り、政村・長時の両執権体制となった。これによって、義時、泰時、時氏、経時・時頼とつながる北条氏嫡流の人物が、執権の地位に就いていない初めての事態が生じた。

長時には武蔵国の国務、侍別当の地位、鎌倉の邸宅が預けられた。これは「家督幼稚の程の眼代《がんだい》」、すなわち家の後継者である時宗（六歳）が幼かったため、一時的な代行者にするというものであった。武蔵国の国務以下は、時頼家の財産というよりも、鎌倉殿から北条氏が付託されている地位や渡り領的な邸宅であり、時頼の家そのものを長時に譲ったわけでも預けたわけでもない。その翌日、時頼は三〇歳の若さで出家した。時頼の出家を慕って、結城の三兄弟（朝広・時光・朝村）、三浦の三兄弟（光盛・盛時・時連）、二階堂氏信濃流の三兄弟（行泰・行綱・行忠）が出家した。この九人の出家は、将軍の許可を受けない勝手な出家だったために、以後の出仕を止められた。時頼と佐原氏との関係は主従関係に近いものになっている。

建治元年（一二七五）の「六条八幡宮造営用途注文」によれば、北条氏は①経時・時頼所領を継承する時宗の家、②重時・長時所領を継承する義政の家、③時盛を除く時房子孫の家、④政村子孫の家、⑤朝時および時長の家、⑥有時子孫の家、⑦実時の家の七家から構成されていた（一五五ページ系図参照）。別個に造営費用が賦課されており、それぞれの家ごとに惣領が庶子に費用分担の配分を行った。したがって北条氏嫡流である①の家長が一門全体の首長として統括していたわけではない。

①の北条氏嫡流の家督（家継承者）は「得宗《とくそう》」と呼ばれた。「得宗」の語源については諸説ある。北条義時の号である「得宗」（「東寺百合文書」）に由来する、あるいは北条高時に贈られた「徳崇権現」（『北条五代記』）に由来するともいわれるが、正和五年（一三一六）の文書に「得宗方」の用例（「諮問文書」）があるから、一四世紀の初めごろには定着していたと思われる。時頼の出家によって、この得宗と執権の地位が初めて分離したのである。時宗は正嘉元年（一二五七）に元服し、弘長元年（一二六一）に叙爵して左馬権頭に任官したが、一四歳の文永元年（一二六四）まで執権に就くことはなく、得宗と執権の

分離状態は八年間続いた。その間、時宗は評定衆にもなっておらず、北条実時のもとで小侍所別当として御家人統括の実務を学んだ。

その後、時宗が執権を二一年つとめて、三四歳で死去すると、子息貞時が一四歳で執権に就任しているから、得宗と執権との分離は、時頼の出家にともなう一時的なものだったといえるだろう。正安三年（一三〇一）の貞時の出家、応長元年（一三一一）の死去から、正和五年（一三一六）年の高時執権就任までの一六年の間には、四人の北条一門が執権に就任している。得宗専制化の指標には、評定衆・引付衆の機能低下などがあるが、執権と得宗の分離という点からみると、貞時出家後のこの時期が重要になるだろう。

時頼出家後の弘長元年六月に、行方をくらましていた僧良賢《りようけん》が逮捕される事件が起きた（『吾妻鏡』六月二十二日条）。良賢は三浦義村の子息で、幼くして京都の青蓮院《しようれんいん》に上童《じようどう》（最上級の稚児）として入り（『華頂要略《かちようようりやく》』）、出家得度《とくど》して良賢を名乗った。青蓮院出身の僧侶が鴨川で六字河臨法《ろくじかりんほう》を修したさいには、三浦氏の郎従を率いて河原を警固する（『門葉記《もんようき》』）など、文武を兼ね備えた存在であった。その後、鎌倉に下向し、僧侶として活動した。宝治合戦後は伊豆山あたりに隠れ住んでいたらしい。その良賢が三浦胤村や泰村の娘（野本《のもと》の尼）と謀反を企てたとして捕まったのである。良賢の事件が大きな争乱に波及することを防ぐために、幕府は六波羅探題に通達を出し、西国御家人が関東に下向することを禁じた（『吾妻鏡』六月二十五日条）。宝治合戦の火種は、一四年経ってもくすぶり続けていた。

弘長三年十一月、時頼は病となり、同月二十二日に三七歳で亡くなった。『若狭国税所今富名領主代々次第』という史料は、時頼から時宗への領主職の交替を十二月のこととしているから、時頼の財産と得宗家の家長の地位は時宗に譲られたのであろう。翌文永元年（一二六四）には執権の一人北条長時が出家後亡くなって、時頼の子時宗（一四歳）が執権となり、政村・時宗の両執権体制が成立した。

蒙古襲来と霜月騒動

文永三年、宗尊親王は二五歳になっていた。宗尊は供奉人や的始の射手の選定などに積極的に関わっており、宗尊の意向は強く発揮されていた。六二歳の政村が支えているとはいえ、執権時宗は一六歳に過ぎない。たびたび闘諍事件が起こるなど鎌倉は不安定な状態になっていた。六月五日、京都から使者が戻り、宗尊親王に関する後嵯峨上皇の仰せが伝えられた。おそらくは将軍交替の内諾を得るための使者が派遣されていたのだろう。十九日得宗被官の蓮仏が上洛し、翌日、時宗亭で時宗・政村・実時・安達泰盛による「深秘《じんぴ》の沙汰」が行われ、数日後、宗尊の妻子が北条氏の邸宅に移った。鎌倉が大騒ぎになっているなかで、七月四日に宗尊親王は帰洛し、子息の惟康王《これやすおう》が三歳で将軍となった。

めぐり逢う秋はたのまず七夕の同じ別れに袖はしぼれど

鎌倉を発つに当たって、親王が詠んだ歌である（『中書王御詠《ちゆうしよおうぎよえい》』）。

この「深秘の沙汰」は時宗亭で行われているが、評定への参加など時宗が政治に関わるのは一八歳になった文永五年三月からであるから、この将軍交替は政村主導によるものだろう。時宗時代を迎えるに当たっての布石だと思われる。

文永五年以来、蒙古の国書がもたらされるようになった。最初の国書は幕府から外交を所管する後嵯峨上皇に送られ、公卿たちの会議をへて、返書を送らないことに決まった。翌年の国書に対して、朝廷は返書を送る準備を進めたが、幕府が先例を盾に反対した。文永八年の国書は開戦必至の内容であったが、やはり無視の態度を変えなかった。

文永九年二月、名越流の北条時章《ときあきら》と弟教時《のりとき》らが殺され、将軍側近の公卿が拘束された。この事件と連動する形で、京都では時宗の兄時輔《ときすけ》がもう一人の六波羅探題北条義宗に攻められて殺されるという事件が起こった（「二月騒動」）。のちに北条顕時はこの事件を振り返って「時章・教時は非分に誅された」と記している（「賜蘆文庫文書」）。時宗政権中枢の一部急進派が政権の不安定さから疑心暗鬼となり、不安の芽を摘もうと暴走したのだろう。

執権北条時宗は文永十一年の文永の役、弘安四年（一二八一）の弘安の役、二度の蒙古襲来を迎えることになる。文永の役の直後、幕府は御家人のみならず、幕府の支配が及んでいない本所一円地住人の武士を守護の指揮下に置いて動員する命令を出した。これは幕府と朝廷の支配の線引きを大きく変えるもので、幕府の大きな方針転換であった。

弘安の役から三年後の弘安七年三月、時宗は病に倒れた。まもなく無学祖元《むがくそげん》を戒師として出家して亡くなった。三四歳であった。時宗を追って、安達泰盛以下の評定衆九人、引付衆六人が出家した。七月に嫡子貞時《さだとき》が一四歳で執権に就任したが、その間に北条一門が殺されたり、配流されたりという事件が次々に起こる。時宗死後の政治に大きな影響力をもった貞時の外戚安達泰盛が主導して「新御式目」と称される三八ヵ条の施政方針が示され、政策が実行された。この泰盛主導の政治は「弘安徳政《こうあんとくせい》」と呼ばれている。

しかし、この泰盛主導の政権は、たった一年で一族・与党人の滅亡という形で潰《つい》える。「霜月騒動《しもつきそうどう》」と呼ばれる事件である。三浦対馬前司頼連・二階堂行景・武藤景泰・足利満氏ら泰盛と親しい御家人も巻き添いになって殺され、北条顕時も縁座して配流された。真相は不明だが、『保暦間記』は、得宗家を取り仕切る内管領《うちかんれい》平頼綱《よりつな》と泰盛とが対立してい

図22　『蒙古襲来絵詞』安達泰盛に取り次ぐ「あしなのはんくわん」
（宮内庁三の丸尚蔵館所蔵）

るなかで、泰盛の子宗景《むねかげ》が曾祖父景盛は頼朝の隠し子であるとして源氏を称したために、謀反を疑われて一族ともに討たれたと記している。この事件は、かつては北条氏の御内人《みうちびと》と外様《とざま》御家人との対立と捉えられていたが（佐藤進一　一九九三）、近年では将軍権力の確立を目指す泰盛ら改革派と頼綱ら守旧派との対決という見方（村井章介　二〇〇五）、時宗が示していた改革路線をめぐる対決という見方も示されている（細川重男　二〇一九）。自殺者の名簿のなかに、佐原系三浦氏の葦名《あしな》泰親《やすちか》・時守《ときもり》の名がみえる。泰親の名は安達泰盛から一字をもらったのであろうから主従関係があったとみられる。『蒙古襲来絵詞』の竹崎季長が泰盛亭を訪れる場面の取り次ぎ役に「あしなのはんくわん」（葦名判官）が描かれているから、佐原系三浦氏の一部が安達氏の家人となっていたことは間違いない。

永仁元年（一二九三）、二三歳になった貞時によって、頼綱が討たれ（「平禅門《へいぜんもん》の乱」）、貞時に権力が集中するが、貞時の死後は、またもや内管領が台頭することになる。三浦泰村一族が滅んだ後、外戚の有力御家人として得宗を支えた安達泰盛一族が滅び、以後、得宗専制体制のなかで、三浦氏や安達氏のような役割を果たす御家人が出ることはなかった。

参考文献

青山幹哉　「王朝官職からみる鎌倉幕府の秩序」『年報中世史研究』一〇、一九八五年

秋山喜代子　『中世公家社会の空間と芸能』山川出版社、二〇〇三年

秋山哲雄　『北条氏権力と都市鎌倉』吉川弘文館、二〇〇六年

池谷初恵　『鎌倉幕府草創の地　伊豆韮山の中世遺跡群』新泉社、二〇一〇年

石井清文　『鎌倉幕府連署制の研究』岩田書院、二〇二〇年

石井　進　『日本の歴史7　鎌倉幕府』中央公論社、一九六五年

上横手雅敬　『日本中世政治史研究』塙書房、一九七〇年

大山喬平　『日本の歴史9　鎌倉幕府』小学館、一九七四年

岡田清一　『北条義時』ミネルヴァ書房、二〇一九年

川添昭二　『北条時宗』吉川弘文館、二〇〇一年

五味文彦　『大系日本の歴史5　京と鎌倉』小学館、一九八八年

五味文彦　『源実朝』角川選書、二〇一五年

坂井孝一　『源実朝』講談社選書メチエ、二〇一四年

佐藤進一　『鎌倉幕府訴訟制度の研究』岩波書店、一九九三年、一九四三年初版

杉橋隆夫　「牧の方の出身と政治的位置」『古代・中世の政治と文化』思文閣出版、一九九四年

高橋慎一朗　『北条時頼』吉川弘文館、二〇一三年
高橋秀樹　『日本中世の家と親族』吉川弘文館、一九九六年
高橋秀樹　『中世の家と性』山川出版社、二〇〇四年
高橋秀樹　『三浦一族の中世』吉川弘文館、二〇一五年
高橋秀樹　『三浦一族の研究』吉川弘文館、二〇一六年
田辺　旬　「承久の乱」『中世史講義【戦乱篇】』ちくま新書、二〇二〇年
永井　晋　『鎌倉源氏三代記』吉川弘文館、二〇一〇年
永井　晋　『鎌倉幕府の転換点』吉川弘文館、二〇一九年、二〇〇〇年初版
野口　実　「伊豆北条氏の周辺」『京都女子大学宗教・文化研究所研究紀要』二〇、二〇〇七年
橋本義彦　『平安貴族』平凡社ライブラリー、二〇二〇年、一九八六年初版
藤本頼人　「源頼家像の再検討」『鎌倉遺文研究』三三、二〇一四年
北条氏研究会編　『北条氏発給文書の研究』勉誠出版、二〇一九年
細川重男　『執権』講談社学術文庫、二〇一九年、二〇一一年初版
本郷和人　『新・中世王権論』新人物往来社、二〇〇四年
村井章介　『中世の国家と在地社会』校倉書房、二〇〇五年
森　幸夫　「伊豆守吉田経房と在庁官人北条時政」『ぐんしょ』三―一一、一九九〇年
森　幸夫　『北条重時』吉川弘文館、二〇〇九年
安田元久　『北条義時』吉川弘文館、一九六一年

安田元久『鎌倉幕府　その政権を担った人々』新人物往来社、一九七九年
山野龍太郎「秩父重綱と『武蔵国留守所惣検校職』」『日本史のまめまめしい知識　第2巻』、岩田書院、二〇一七年
山本幸司『日本の歴史09　頼朝の天下草創』講談社学術文庫、二〇〇九年、二〇〇一年初版
横須賀市編『新横須賀市史　通史編自然・原始・古代・中世』横須賀市、二〇一二年
渡邊晴美『鎌倉幕府北条氏一門の研究』汲古書院、二〇一五年

略年表

年号	西暦	事項
保元元	一一五六	このころ、三浦義明、相模国の雑事を統括し、「三浦介」を称する。
承安三	一一七三	このころ、北条時政娘と源頼朝弟全成が結婚する。
安元元	一一七五	このころ、源頼朝と北条政子が結婚する。
治承四	一一八〇	四月、以仁王の平家追討令旨、頼朝のいる北条の館に届く。 八月、頼朝の石橋山合戦に北条時政父子・岡崎義実父子ら参加、三浦義澄ら小坪で武蔵武士と戦い、衣笠合戦で義明死す。
文治五	一一八九	四月、佐原義連、時政三男の元服で加冠役をつとめる。
建久元	一一九〇	十二月、和田義盛・佐原義連が左衛門尉に、三浦義村が右兵衛尉に任じられる。
建久五	一一九四	十一月、時政、伊豆国一宮三島神社の神事に関与する。
正治元	一一九九	正月、頼朝没し、頼家が跡を継ぐ。四月、時政・義時・義澄・義盛らの「一三人の合議制」始まる。十月、梶原景時、義盛・義村らに弾劾される。
正治二	一二〇〇	時政、頼家の外祖父として遠江守に任官する。
建仁二	一二〇二	八月、北条泰時、義村娘と結婚する。
建仁三	一二〇三	九月、源頼家重篤のなか、時政、比企能員を殺害する。実朝、征夷大将軍に就任する。
元久二	一二〇五	六月、時政、畠山重忠を討つ。義村、重忠を呼び出した稲毛重成らを討つ。閏七月、時政失脚する。

建保元	一二一三	二月、泉親平の謀反事件起こる。和田胤長らが関与する。五月、義盛挙兵するも、北条方についた義村の奮闘により滅びる（和田合戦）。
承久元	一二一九	正月、実朝、鶴岡八幡宮で甥公暁に暗殺される。公暁、義村亭に向かい討ち取られる。七月、左大臣藤原道家息三寅、鎌倉に下向する。十一月、義村、駿河守に任官する。
承久三	一二二一	五月、後鳥羽上皇、義時追討の命令を下し、承久の乱勃発する。六月、幕府軍、美濃国で朝廷軍を破る。敗走した三浦胤義、京都で三浦一族と戦い自害。泰時・泰村、院御厩を掌握する。七月、義村、北白河殿に赴き後堀河天皇を擁立する。
元仁元	一二二四	六月、義時没。泰時執権に就任する。七月、伊賀氏の乱。政子、三寅がいる泰時亭に義村を呼び結束を求める。
嘉禄元	一二二五	七月、北条政子没。十二月、新御所が完成し三寅が移る。北条時房・泰時と中原師員・二階堂行村・三浦義村により、評議始が行われる。三寅（藤原頼経）、元服する。
寛喜二	一二三〇	六月、泰時の嫡子時氏（義村外孫）没。八月、泰村室没。
暦仁元	一二三八	正月、頼経上洛。義村先陣をつとめる。六月、春日社参詣。
延応元	一二三九	二月、後鳥羽法皇没。十二月、三浦義村没。
仁治三	一二四二	正月、後嵯峨天皇践祚。六月、泰時没し、孫経時執権となる。
寛元二	一二四四	四月、頼経息頼嗣、元服し征夷大将軍となる。

寛元四	一二四六	正月、経時の病により弟時頼執権となる。六月、藤原頼経、謀反により鎌倉を追われる（寛元の政変）。道家失脚する。
宝治元	一二四七	六月、三浦泰村、一族の交戦派に押されて挙兵するも、敗れて頼朝法華堂において自害する（宝治合戦）。十二月、三浦盛時、三浦介を称する。

著者紹介

一九六四年、神奈川県に生まれる

一九九六年、学習院大学大学院人文科学研究科博士後期課程修了、博士（史学）

現在、國學院大學文学部教授

主要著書

『日本中世の家と親族』（吉川弘文館、一九九六年）

『玉葉精読』（和泉書院、二〇一三年）

『三浦一族の研究』（吉川弘文館、二〇一六年）

対決の東国史②

北条氏と三浦氏

二〇二一年（令和三）十二月二十日　第一刷発行

二〇二二年（令和四）三月二十日　第二刷発行

著　者　高《たか》橋《はし》秀《ひで》樹《き》

発行者　吉川道郎

発行所　株式会社　吉川弘文館

東京都文京区本郷七丁目二番八号

郵便番号一一三—〇〇三三

電話〇三—三八一三—九一五一〈代表〉

振替口座〇〇一〇〇—五—二四四

http://www.yoshikawa-k.co.jp

印刷＝株式会社　東京印書館

製本＝株式会社　ブックアート

装幀＝渡邉雄哉

ISBN978-4-642-06868-0

刊行のことば

近年の中世東国史研究の進展はめざましいものがあります。しかし、その政治史をひもとくと、覇権争いの登場人物がめまぐるしく入れ替わるため、ひとつの歴史の流れとして把握しにくい面があります。そこで本シリーズでは、東国における特定の時代を代表する二つの武家の協調と相克の様相を通じて、中世東国の政治史をわかりやすく叙述することを目指しました。

第一巻から第七巻まで、主役に据える武家はさまざまです。しかし各巻では、①主役武家の系譜意識、②その武家の存在形態（一族・姻族・地縁等の人間関係や領主組織など）、③畿内の政権・政局との関係、という三つの観点を共有することで、内容に統一感を持たせるとともに、主役武家を、その時代と「東国」のなかに位置づけるように配慮しました。

本シリーズの叙述姿勢は「単純化しすぎ」との批判を招くかもしれませんが、研究の要点を的確にまとめた「わかりやすい」中世東国の通史として、多くの読者に長く親しまれることを期待します。

二〇二一年十二月

企画編集委員
高橋　秀樹
田中　大喜

動乱の東国史 全7巻

各2800円（税別）

東国を舞台に活躍した、中世武士団とその時代を描く本格的通史。各地域の最新研究成果を結集し、「中央からみた」日本史像に再考を促す。全体像を鮮やかに描く平易な叙述に加え、便利な地図や史跡紹介コラムも付載。四六判

1 平将門と東国武士団　鈴木哲雄著

2 東国武士団と鎌倉幕府　高橋一樹著

3 蒙古合戦と鎌倉幕府の滅亡　湯浅治久著

4 南北朝内乱と東国　櫻井　彦著

5 鎌倉府と室町幕府　小国浩寿著

6 古河公方と伊勢宗瑞　則竹雄一著

7 東国の戦国争乱と織豊権力　池　享著

吉川弘文館

列島の戦国史 全9巻

各2500円（税別）

享徳の乱から大坂の陣までの約一六〇年、蝦夷地・東北から九州まで各地の動きを捉え、戦国時代の全体像を描く。中央の政治動向、大名・国衆（戦国領主）の思惑、合戦の推移に、経済・文化・外交も視野に入れ、戦国の特質に迫る。　四六判

1 享徳の乱と戦国時代　久保健一郎著
2 応仁・文明の乱と明応の政変　大薮　海著
3 大内氏の興亡と西日本社会　長谷川博史著
4 室町幕府分裂と畿内近国の胎動　天野忠幸著
5 東日本の動乱と戦国大名の発展　丸島和洋著
6 毛利領国の拡大と尼子・大友氏　池　享著
7 東日本の統合と織豊政権　竹井英文著
8 織田政権の登場と戦国社会　平井上総著
9 天下人の誕生と戦国の終焉　光成準治著

吉川弘文館